Lissabon

STADTABENTEUER

JOHANNES BECK

DER AUTOR:

+++ JOHANNES BECK +++ 1972 IN MEERSBURG AM BODENSEE GEBOREN +++ STUDIUM DER REGIONALWISSENSCHAFTEN LATEINAMERIKA IN KÖLN SOWIE DER VWL IN LISSABON +++ LEITET HAUPTBERUFLICH DIE REDAKTION PORTUGIESISCH FÜR AFRIKA DER DEUTSCHEN WELLE +++ AUSZEICHNUNGEN FÜR: »LISSABON MM-CITY«, »LISSABON & COSTA DE LISBOA« MIT DEM »BEST TRAVEL GUIDE AWARD« DER STADT LISSABON UND DEM »SIGNATOUR-MEDIENPREIS FÜR EINEN TOURISMUS MIT ZUKUNFT« +++ LISSABON-REISEFÜHRER.DE, FACEBOOK.COM/LISSABONCOSTA, INSTAGRAM.COM/COSTA_DE_LISBOA +++

SEIT MEINEM ZIVILDIENST hat mich Lissabon nicht mehr losgelassen. 1996 begann ich Reiseführer für Portugals Hauptstadt zu schreiben. Seitdem kann mich dort nicht mehr allzu viel überraschen – sollte man meinen. Doch auf der Suche nach neuen Stadtabenteuern passierte genau das immer wieder. Klar hatte ich schon viele Azulejos gesehen. Aber selbst eine Fliese bemalen war ein echtes Erlebnis! Und natürlich wusste ich, dass man in Lissabons Umgebung Delfine und Flamingos beobachten kann, aber erst jetzt habe ich entdeckt: Es gibt nur wenige Orte auf der Welt, an denen man so viele Schleiereulen in der Natur sehen kann. Erleben auch Sie Lisboa (neu) und tauchen Sie ein ins Abenteuer! Johannes Beck,
Lissabon – Stadtabenteuer

DER HERAUSGEBER:

WIE NÄHERT MAN SICH EINER WELTSTADT MAL ANDERS?

Dieser Gedanke sprang mir regelrecht in den Sinn, als meine Frau Berit und ich im Honeymoon in Amsterdam unterwegs waren. Wir wollten die Stadt wirklich kennenlernen. Nicht über Sehenswürdigkeiten, sondern durch Erlebnisse.
So entstanden die *Stadtabenteuer*: acht Bücher zu acht Metropolen, von denen ich selbst eines schreiben durfte (den Band zu Hamburg). Als Berit schließlich die Grafik dieser neuen Reihe erfand, ergab sich alles andere von selbst.
Mindestens die Hälfte der in dieser Reihe beschriebenen Erlebnisse sind kostenlos oder günstig (12 Euro oder weniger), einige familienfreundlich, wobei man sie selbstverständlich auch allein, zu zweit oder mit Freunden unternehmen kann. Sie spielen in bekannten Stadtteilen. Nur im letzten Kapitel geht es ein wenig weiter raus.
Dass ausgewählte reisepraktische Tipps und die wichtigsten Sights und Spots hinzukamen (»Wenn man schon mal hier ist«), versteht sich von selbst, wenn man für Michael Müller schreibt: den Verleger für alternative Reiseführer.

Matthias Kröner,
Herausgeber der *Stadtabenteuer*
und Reisebuchautor

	VORWORT	2
	ANKOMMEN	10
	RUMKOMMEN	11

1 BAIXA UND CHIADO — 12

GÜNSTIG	**KLAVIERKONZERTE IM GRAND HOTEL** Beethoven, Chopin und Debussy im Flair der Belle Époque	16
GÜNSTIG	**DER ORT, AN DEM SCHEISSE GLÜCK BRINGT** Ein Besuch des Lissabonner Nationaltheaters	20
KOSTENLOS, FAMILIENFREUNDLICH	**GOLDBARREN HEBEN** Im Tresorraum der Zentralbank	24
KOSTENLOS	**SKELETTE IM BANKKELLER** Archäologische Schätze aus der Geschichte Lissabons	28
GÜNSTIG, FAMILIENFREUNDLICH	**IM SATTEL DES DRAHTESELS** Eine Fahrradtour entlang des Tejo	32
	WENN MAN SCHON MAL IN DER BAIXA UND IM CHIADO IST Sehen Essen Shoppen Ausgehen Schlafen	36

2 ALFAMA, MOURARIA UND GRAÇA — 46

GÜNSTIG, FAMILIENFREUNDLICH	**DIE LAUTEN ERBEN VON DRACULA** Eine Fledermaus-Expedition auf der Lissabonner Burg	50
FAMILIENFREUNDLICH	**MACHT DREIMAL BLAU SCHWARZ?** Azulejo-Fliesen selbst bemalen	54
	MUSIK, ZUM HEULEN SCHÖN Ein Fado-Abend in der Alfama	58

GÜNSTIG **HOCH ÜBER DEN DINGEN** 62
Auf einen Drink in die Rooftop-Bar Topo

WENN MAN SCHON MAL 66
IN DER ALFAMA, MOURARIA
UND GRAÇA IST
Sehen
Essen
Ausgehen
Shoppen
Schlafen

3 **AVENIDA DA LIBERDADE**
UND AVENIDAS NOVAS 76

GÜNSTIG **KUNST IM UNTERGRUND** 80
Unterwegs mit dem Metropolitano de Lisboa

JAMSESSION IM ÄLTESTEN
GÜNSTIG **JAZZCLUB EUROPAS** 84
Der Hot Clube de Portugal

GÜNSTIG	**VENUSMUSCHELN AUF LISSABONNER ART**	**88**
	Zu Gast in einem typisch portugiesischen Restaurant	
	DIE WEINPROBE IM BRUNNEN	**92**
	Rot und Weiß auf Portugiesisch	
	WENN MAN SCHON MAL IN DER AVENIDA DA LIBERDADE UND DEN AVENIDAS NOVAS IST	**96**
	Sehen	
	Essen	
	Ausgehen	
	Shoppen	
	Schlafen	

4 BAIRRO ALTO UND WESTLICHE ALTSTADTVIERTEL — 104

GÜNSTIG, FAMILIENFREUNDLICH	**DEM BERÜCHTIGTSTEN RAUBMÖRDER AUF DER SPUR**	**108**
	Eine Erkundungstour über das Lissabonner Aquädukt	
GÜNSTIG	**DER KLANG DER STADT**	**112**
	Auf dem Dach der Basílica da Estrela	
KOSTENLOS	**DIE ÄLTESTE POLITISCHE ALLIANZ DER NEUZEIT**	**116**
	Ein Gottesdienst in der anglikanischen Kirche	
GÜNSTIG	**BEI DEN NONNEN IM KLOSTER**	**120**
	Durch den barocken Convento dos Cardaes	
GÜNSTIG	**DEM NASS AUF DER SPUR**	**124**
	Durch dunkle Kanäle in der Lissabonner Unterwelt	
	WENN MAN SCHON MAL IM BAIRRO ALTO UND IN DEN WESTLICHEN ALTSTADTVIERTELN IST	**128**
	Sehen, Essen, Ausgehen, Shoppen, Schlafen	

5 ALCÂNTARA — 138

GÜNSTIG. FAMILIENFREUNDLICH
LUXUS-TRAM NUMMER EINS — 142
Im Museum der Verkehrsbetriebe Carris

GÜNSTIG. FAMILIENFREUNDLICH
IM HERZEN DER KLEINEN »GOLDEN GATE« — 146
Das Innenleben der Tejo-Brücke Ponte 25 de Abril

FAMILIENFREUNDLICH
MIT DEM BUS DURCH DEN FLUSS — 150
Die besondere Stadtrundfahrt mit Hippotrip

WENN MAN SCHON MAL IN ALCÂNTARA IST — 154
Sehen
Essen

6 BELÉM — 160

GÜNSTIG
IM ARBEITSZIMMER DES PRÄSIDENTEN — 164
Ein Rundgang durch den ehemaligen Königspalast von Belém

GÜNSTIG. FAMILIENFREUNDLICH
BEIM TRAINING DER BAROCK-PFERDE — 168
In der staatlichen Hofreitschule Portugals

VERBORGENE SCHÄTZE 172
Im Keller des Nationalen Völkerkundemuseums

WENN MAN SCHON MAL 176
IN BELÉM IST
Sehen
Essen

7 IM NORDEN
UND OSTEN LISSABONS 182

FAMILIEN-
FREUNDLICH **IM STADION DES LICHTES** 186
Ein Spiel bei Benfica Lissabon

GÜNSTIG.
FAMILIEN-
FREUNDLICH **IM SCHWEBEZUSTAND** 190
Eine Fahrt mit der Seilbahn im Parque das Nações

WENN MAN SCHON MAL 194
IM NORDEN UND OSTEN LISSABONS IST
Sehen
Essen

8 COSTA DE LISBOA — 200

AUF DIE GIPFEL DER SERRA DE SINTRA UND ANS WILDE MEER — 204
Mit dem Rad entlang der Costa de Lisboa

GÜNSTIG. FAMILIENFREUNDLICH
DIE GEHEIMGÄNGE DER VERGANGENHEIT — 208
In den Höhlen der Quinta da Regaleira

GÜNSTIG. FAMILIENFREUNDLICH
SCHLEIEREULEN, STÖRCHE UND FLAMINGOS — 212
Vögel beobachten in Portugals größtem Flussdelta

FAMILIENFREUNDLICH
ANGESCHOBEN VON EINER UNSICHTBAREN HAND — 216
Wellenreiten lernen in Ericeira

FAMILIENFREUNDLICH
EINE SPEZIALITÄT AUS AZEITÃO — 220
Käse machen wie anno dazumal in der Quinta Velha Queijeira

ZUM MYSTERIÖSEN WRACK DER RIVER GURARA — 224
Ein Tauchgang am Cabo Espichel in Sesimbra

FAMILIENFREUNDLICH
DAS LANGE WARTEN AUF DIE RÜCKENFLOSSEN — 228
Flussdelfine vor Setúbal beobachten

WENN MAN SCHON MAL AN DER COSTA DE LISBOA IST — 232
Sehen, Essen, Schlafen

ANKOMMEN

+++ Lissabon liegt am TEJO, der hier zu einem riesigen Mündungsbecken anschwillt, um ein paar Kilometer weiter westlich viel schlanker wieder im ATLANTIK zu verschwinden +++ An seinem NORDUFER breitet sich das eigentliche Stadtgebiet über mehr als ZWANZIG HÜGEL aus +++ Lissabon ist EUROPAS WESTLICHSTE HAUPTSTADT und mit etwa 510.000 Einwohnern PORTUGALS GRÖSSTE METROPOLE +++ Die meisten Lissabonner wohnen inzwischen in der METROPOLREGION, die es auf ca. 2,8 MILLIONEN BEWOHNER bringt. Viele von ihnen pendeln täglich in die Stadt, um dort in BEHÖRDEN, BANKEN oder in der boomenden TOURISMUSBRANCHE zu arbeiten +++ Nicht nur Lissabon selbst, auch das Umland, die COSTA DE LISBOA, ist mit ihren Stränden entlang der Altantikküste ein lohnendes Reiseziel +++

WENN MAN IN LISSABON ANKOMMT:

Die meisten Besucher kommen am **Aeroporto Humberto Delgado** an, dem zentrumsnah gelegenen Flughafen Lissabons. Er ist mit der U-Bahn gut an die Stadt angebunden (normale Fahrkarten gelten, metrolisboa.pt). Alternativ fährt der Aerobus 1 City Center direkt in die Altstadt (Ticket 4 Euro einfach, gilt 24 Stunden, 6 Euro hin und zurück, normale Fahrkarten gelten nicht, yellowbustours.com). Ein Taxi ins Zentrum kostet etwa 10 Euro.

RUMKOMMEN

UNTERWEGSSEIN in Lissabon geht am besten mit den öffentlichen Verkehrsmitteln. Zuerst kauft man pro Person eine **Viva Viagem-Karte** für 0,50 Euro an einer Vorverkaufsstelle oder am Automaten. Auf diese Chipkarte lädt man dann entweder eine 24-Stunden-Karte, ein Geldguthaben (**Zapping**) oder Einzelfahrkarten (»mischen« leider nicht möglich).

Bei mehr als 5 Fahrten pro Tag lohnen 24-Stunden-Tickets (**Bilhete diário Carris/Metro**) für 6,40 Euro. Sie gelten im Stadtgebiet in der Metro, den Bussen, Trams und Aufzügen, aber nicht in den Vorortzügen und den Fähren. Bei weniger als 5 Fahrten ist das Zapping besser. Pro Fahrt innerhalb des Stadtgebietes werden vom Guthaben dann 1,33 Euro abgebucht. Praktisch: Das Zapping-Guthaben kann auch verwendet werden, um mit Vorortzügen der **CP** oder **Transtejo-Fähren** zu fahren. Der Kauf der Karten erst »an Bord« ist erheblich teurer.

Jede Person braucht eine eigene Zapping-Karte. Man kann auf den Karten jeweils nur eine Ticket-Kategorie laden.

TELEFONIEREN IN LISSABON – beispielsweise für eine Reservierung oder Buchung – ist ganz unkompliziert: Wer aus dem Ausland anruft, wählt lediglich die Landesvorwahl **00351** vor der neunstelligen Teilnehmernummer. In Portugal selbst wählt man einfach direkt die gewünschte Nummer, da es dort keine Ortsvorwahlen mehr gibt.

1
BAIXA UND CHIADO

+++ ERLEBEN +++

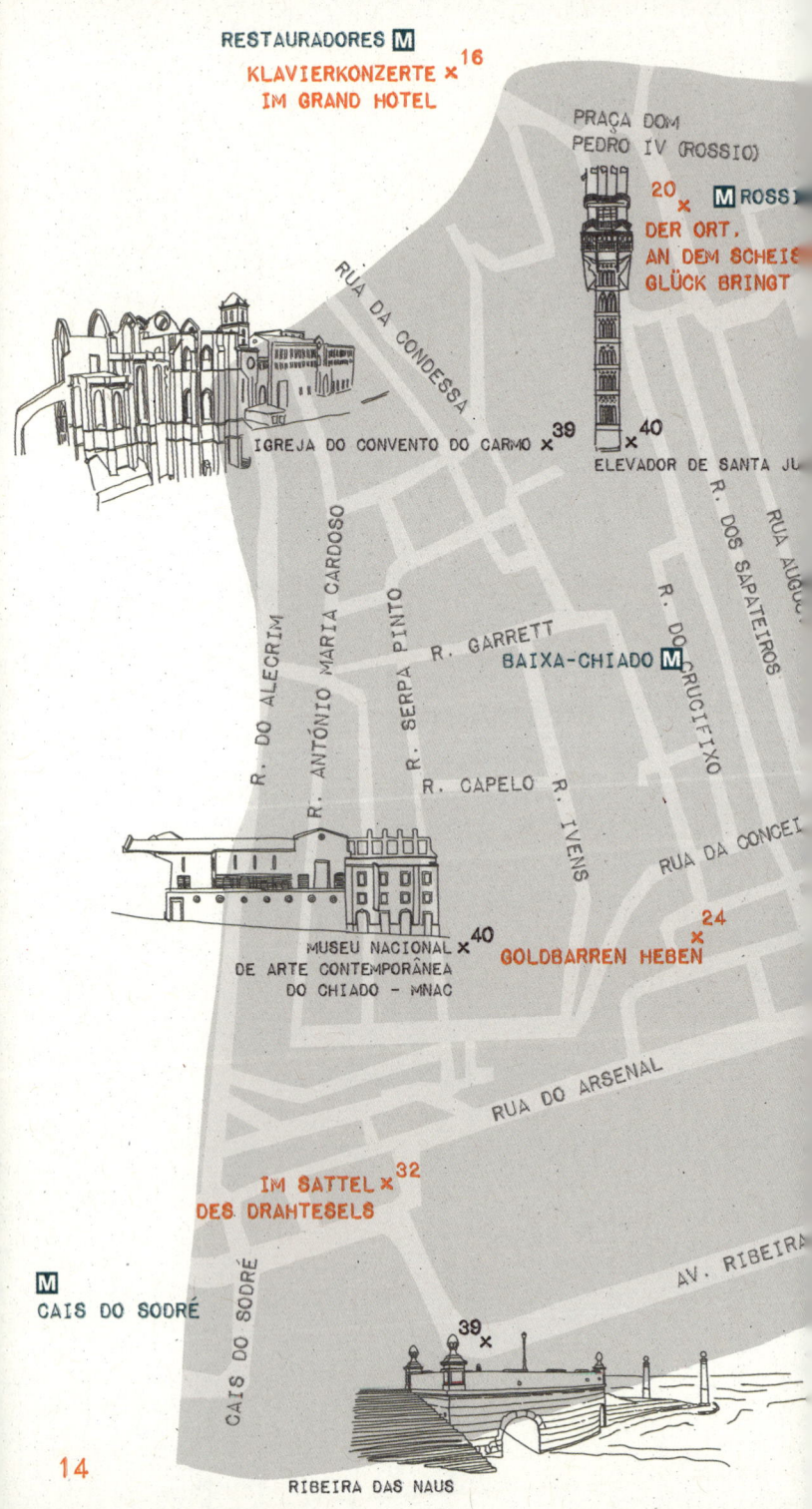

DAS GESCHÄFTS- UND BANKENVIERTEL

Lissabons ist die Baixa, wörtlich »Unterstadt«, da sie zwischen dem Alfama- und dem Bairro-Alto-Hügel in einer Senke liegt. Mit ihren nach dem Erdbeben von 1755 auf dem Reißbrett entworfenen, rechtwinkligen Straßenzügen gilt die Baixa als einzigartiges Beispiel der Architektur des 18. Jahrhunderts. Geprägt wird sie auch durch die beiden Hauptplätze Lissabons mit ihren klassischen Kaffeehäusern: die Praça do Comércio im Süden am Tejoufer und den Rossio im Norden. Etwas oberhalb der Baixa stößt man auf den Chiado, das klassische Einkaufsviertel der Stadt.

KLAVIERKONZERTE IM GRAND HOTEL

BEETHOVEN, CHOPIN
UND DEBUSSY
IM FLAIR DER BELLE ÉPOQUE

RESTAURADORES

BAIXA-CHIADO -->

+ + + S T E C K B R I E F + + +
WO? HOTEL AVENIDA PALACE, RUA 1º DE DEZEMBRO, 123, U RESTAURADORES, TEL. 213218100, WWW.HOTELAVENIDAPALACE.PT +++ **WANN?** MEHRMALS PRO WOCHE AB 19 UHR (BESSER GEGEN 18.45 UHR KOMMEN, DA ES MANCHMAL FRÜHER LOSGEHT) +++ **WIE LANGE?** ETWA 1 STUNDE +++ **WIE VIEL?** KEIN EINTRITT, ABER VERZEHR AN DER HOTELBAR WIRD ERWARTET (KAFFEE 6 EURO, BIER 5 EURO) +++ **WICHTIG!** NICHT JEDEN TAG FINDET EIN KONZERT STATT, DAHER VORHER AUF DER WEBSEITE DES HOTELS NACHSCHAUEN (UNTER »MUSIK IM PALACE«)! +++

GÜNSTIG

LEISE SETZEN DIE TÖNE EIN.
zaghaft steigern sie sich, fließen zur hohen Glasdecke und kehren als sanftes Echo wieder zurück, um von den üppigen Polsterlandschaften gedämpft zu werden. Der Pianist am schwarzen Yamaha-Flügel ist ganz in *Clair de Lune* von Claude Debussy eingetaucht. Das Stück, in dem der französische Komponist ein Gedicht von Paul Verlaine interpretierte.

Dass in der Lobby des Avenida Palace Hotels heute nur drei Sofas besetzt sind, mindert die Hingabe des Musikers nicht. Für die opulente Dekoration der Lobby hat er keinen Blick, auch nicht für die kunstvollen Muster im Marmorboden, die klassizistischen Säulen oder die vergoldeten Wappen an den mit rotem Stoff bezogenen Wänden. Seine Aufmerksamkeit gilt Debussys Noten, hinter denen er fast verschwindet.

PASSENDER KÖNNTE die Musikauswahl bei diesem Klavierkonzert kaum sein, denn das Avenida Palace ist sozusagen Zeitgenosse von Debussy und Verlaine. 1890 begann der Bau direkt neben dem Rossio-Bahnhof, prächtige Eisenbahnhotels waren damals in Mode. Im selben Jahr komponierte Debussy seine erste Version von *Clair de Lune*.

Bescheidenheit war in der Belle Époque eher nicht angesagt, Prunk das Anliegen von José Luís Monteiro, einem der bekanntesten portugiesischen Architekten seiner Zeit. Den ebenfalls von ihm entworfenen Rossio-Bahnhof hatte man soeben eröffnet, nun sollte er seine Arbeit mit dem prächtigsten Hotel Lissabons krönen.

Lange Zeit galt das Avenida Palace als eines der besten Häuser Portugals. Das kann man heute noch im Salão Palace spüren, in dem die Konzerte stattfinden: Inmitten des klassizistischen Dekors servieren livrierte Diener Getränke und Speisen aus der Hotelbar nebenan.

Die angenehme Kühle im Saal lässt die knallende Sommerhitze vor der Tür vergessen, und die Klänge des Flügels beruhigen mich. Alle paar Minuten mischt sich ein leises Rumpeln der Züge, die den Bahnhof Richtung Sintra verlassen oder von dort ankommen, in die Melodie.

DIE GÄSTE UNTERHALTEN SICH, wenn überhaupt, mit gedämpfter Stimme, lauschen andächtig den *Nocturnes* des irischen Komponisten John Field. Für ein kostenloses Konzert spielt der Pianist überraschend anspruchsvoll, weit entfernt von einem lustlos vor sich hin klimpernden Barpianisten. Die Ähnlichkeit des Stücks mit der Musik Frédéric Chopins verblüfft mich – wie ich später erfahre, hat Field ihn stark beeinflusst.
Nach einer Stunde ist das Konzert vorbei. »Manchmal hören mir viele zu, manchmal auch nicht«, zuckt der Pianist João auf meine Nachfrage mit den Schultern. Es scheint ihn nicht zu bekümmern. Über den Applaus am Ende freut er sich so oder so.
Heute war es Klassik, an anderen Abenden bekommt man Jazz, Filmmusik oder gar Fado-Werke geboten. Ich trinke meinen Kaffee aus, wandle noch mal andächtig durch die marmorne Lobby. Formvollendet öffnet mir ein Page die Tür des Grand Hotels. Die hektische, laute Innenstadt hat mich wieder, aber die nächsten Stunden werden die leisen Klaviertöne in mir nachklingen.

WENN MAN SCHON MAL HIER IST ...

... sollte man unbedingt einen Blick auf den **Rossio-Bahnhof** nebenan mit seinen kunstvollen Eingangstoren in Hufeisenform werfen. Heute verkehren hier nur noch S-Bahnen, die Fernzüge enden seit den 1950er-Jahren in der Station **Santa Apolónia**. Einen Eindruck von Lissabons Belle Époque bekommt man auch im **Café A Brasileira** ▢→ in der Rua Garrett 120 (U Baixa/Chiado), damals bekannter Treffpunkt der portugiesischen Intellektuellen und Schriftsteller (siehe S. 43).

DER ORT, AN DEM SCHEISSE GLÜCK BRINGT

EIN BESUCH DES LISSABONNER NATIONALTHEATERS

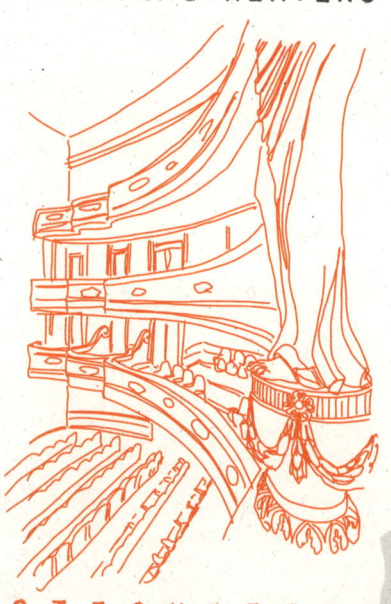

+ + + **STECKBRIEF** + + +
WO? TEATRO NACIONAL DONA MARIA II. PRAÇA D. PEDRO IV (ROSSIO). U ROSSIO. TEL. 213250829. TNDM.PT +++ **WANN?** JEDEN MONTAG UM 11 UHR +++ **WIE LANGE?** 1 STUNDE +++ **WIE VIEL?** 8 EURO. UNTER 15 J. UND AB 65 J. 50% ERMÄSSIGUNG +++ **WICHTIG!** AN FEIERTAGEN UND GENERELL IM AUGUST FINDEN KEINE FÜHRUNGEN STATT! +++

M ROSSIO
<--BAIXA-CHIADO

GÜNSTIG

JEDEM BESUCHER DER STADT fällt die neoklassizistische Säulenfassade am Nordrand des Lissabonner Hauptplatzes Rossio auf, doch nur wenige betreten das prächtige Nationaltheater. Dabei öffnen sich die Türen einmal pro Woche für eine Führung vor und besonders hinter den Kulissen, bei der man die Lissabonner Theaterszene hautnah miterlebt.

Los geht's im Foyer: Mit sechs Personen ist unsere Gruppe heute recht überschaubar. Schnell sind die Sprachwünsche abgefragt; zur Auswahl stehen neben Portugiesisch auch Englisch, Französisch, Spanisch, Italienisch und Deutsch.

»Das Foyer ist der einzige Teil des Theaters im Originalzustand. So, wie es der italienische Architekt Fortunato Lodi gestaltet hat; das war 1843. Alle anderen Räume wurden 1964 bei einem großen Brand zerstört und später neu aufgebaut«, erläutert unsere Führerin.

ALS WIR DEN THEATERSAAL BETRETEN,
bin ich dennoch beeindruckt – besonders von dem riesigen Kronleuchter: »Er wurde von der Firma Swarovski extra für dieses Theater gefertigt.« 436 Plätze fasst das Rund, um das Parkett sind auf drei Etagen Logen angeordnet. Die in der Mitte ist dem Präsidenten vorbehalten: Wenn er da ist, nimmt er seinen Platz unter dunkelroten Stoffvorhängen ein.

»Der Saal ist übrigens nach dem Gründer des Nationaltheaters, dem Schriftsteller Almeida Garrett, benannt«, beginnt unser Guide ihren Abriss zur Geschichte des Baus. »14 Jahre hat es gedauert, bis nach dem Brand von 1964 wieder Stücke aufgeführt werden konnten. Während man den Hauptsaal im alten neoklassizistischen Stil neu errichtet hat, ist hinter den Kulissen alles deutlich moderner und funktionaler gestaltet.« Mit einem Schmunzeln fügt sie hinzu: »Aber weniger spannend ist es sicher nicht.« In der Tat könnte der Kontrast größer nicht sein: In den nüchternen Arbeitsräumen dominieren stählerne H-Träger statt vergoldeter Balustraden. Wir sehen Hebebühnen und Seilwinden, die Bühnenbilder transportieren, aber nur wenige Mitarbeiter. Lebhafter geht es in der Schneiderei im dritten Stock zu: Dort stecken Damen Stoffe ab und nähen Kostüme für die nächste Aufführung.

»WUSSTEN SIE ÜBRIGENS, dass sich die Schauspieler, bevor sie auf die Bühne gehen, ›muita merda‹, also ›viel Scheiße‹ wünschen?«, fragt die Expertin, nachdem wir die Garderoben betreten haben. Eine Schauspielerin, die sich gerade für eine Probe vor den perfekt ausgeleuchteten Spiegeln die Augenbrauen nachzieht, ergänzt spontan: »Stimmt, nie wünschen wir uns das sonst in allen anderen Branchen übliche ›boa sorte‹. Das haben mir die Kollegen direkt am Anfang meiner Karriere beigebracht.«

Ich wundere mich über die merkwürdigen Sitten der Schauspieler, und die Führerin genießt für einen Moment die verdutzten Gesichter der ganzen Gruppe. Um die Glücksformel verständlich zu machen, geht sie zu den Anfängen des Theaters zurück: »Wenn eine Aufführung viele Besucher anlockte, dann bedeutete das damals jede Menge Kutschen vor dem Theater – und damit Pferdeäpfel vor der Tür. Daher symbolisieren die Exkremente noch heute Glück für die Schauspieler.«

WENN MAN SCHON MAL **HIER IST**:

Neben Lissabons bekanntem Hauptplatz **Rossio**, an dem das Theater liegt, ist auch der **Largo de São Domingos** gleich nebenan spannend. Hier wird in der **Ginjinha** leckerer Kirschlikör ausgeschenkt (siehe S. 44). Die **Igreja do Convento de São Domingos**, die bis zu einem Feuer im Jahr 1959 zu den prächtigsten Gotteshäusern der Stadt gehörte, ist immer noch sehenswert. Auf der Mitte des Platzes erinnert ein **Denkmal an das Judenpogrom** ☐→, das hier Ostern 1506 begann.

GOLDBARREN HEBEN

IM TRESORRAUM DER ZENTRALBANK

BAIXA-CHIADO M
BAIXA-CHIADO -->

+ + + S T E C K B R I E F + + +
WO? MUSEU DO DINHEIRO, LARGO DE SÃO JULIÃO, U BAIXA-CHIADO, TEL. 213213240, MUSEUDODINHEIRO.PT +++ WANN? MI-SA 10-18 UHR (LETZTER EINLASS 15 MIN. VOR SCHLUSS) +++ WIE LANGE? CA. 2-3 STUNDEN +++ WIE VIEL? EINTRITT FREI! +++ WICHTIG! SICHERHEITSKONTROLLEN! DAS GEBÄUDE WIRD WEITER ALS SITZ DER ZENTRALBANK GENUTZT +++

KOSTENLOS, FAMILIENFREUNDLICH

HINTER DER KLASSIZISTISCHEN FASSADE hätte ich kaum eine Sicherheitsschleuse wie am Flughafen vermutet. »Leeren Sie bitte Ihre Taschen und legen Sie alles hier hinein!«, fordert mich der Wächter auf. Während die Plastikwanne samt Jacke, Geldbeutel und Mobiltelefon den Scanner passiert, werde ich selbst in einem Sicherheitstor durchleuchtet.

Doch nach der Drehtür empfangen mich Marmorböden, Rundbögen und hohe Fenster, durch die Tageslicht einströmt. Vieles im Geldmuseum Lissabons erinnert an einen sakralen Raum, manches an eine weltliche Halle. Beides trifft zu, denn ursprünglich war das Gebäude eine katholische Kirche. Die Igreja de São Julião wurde 1933 entweiht, nachdem die Banco de Portugal den kompletten Block gekauft hatte. Noch heute hat die portugiesische Zentralbank hier ihren Sitz, auch wenn die Geldpolitik inzwischen bei der EZB in Frankfurt gemacht wird.

WO ES EINST in eine Seitenkapelle ging, stoße ich auf eine massive Stahltür. Ein Schild über dem niedrigen, kreisrunden Durchgang warnt: »Cuidado com a cabeça! – Vorsicht, Kopf einziehen!« Durch die geöffnete, etwa 40 Zentimeter dicke Tür mit ihren 24 Metallriegeln, die einst den Zugang zum Goldschatz Portugals und damit den Wechselkurs des Escudo absicherte, der damaligen portugiesischen Währung, schlüpfe ich in den ehemaligen Tresorraum.

Direkt nach dem Durchgang zieht mich ein Geldschrank magisch an. Er wurde von der Firma York Lock & Safe in den USA und Frankreich erbaut, in seiner Mitte liegt ein Block aus massivem Gold. Eingefasst von Stahlträgern, lässt er sich zwar nach oben bewegen, aber nicht aus dem Safe entfernen …

Premiere für mich: Ich halte einen echten Goldbarren in der Hand! Das Edelmetall fühlt sich weich und warm an. Und: Das Hochheben fällt mir deutlich schwerer als gedacht. Nun verstehe ich, warum die Fundamente von Zentralbankkellern besonders stark sein müssen, schließlich tragen sie die dort gelagerten Edelmetallreserven. Dieser Barren bringt laut Prägung genau 12,6918 Kilogramm auf die Waage. Über 400.000 Euro müsste ich dafür nach aktuellem Goldkurs auf den Tresen legen.

IM NEBENRAUM steige ich in den Keller hinunter. Hier hat die Zentralbank Reste der mittelalterlichen Stadtmauer aus dem 13. Jahrhundert entdeckt, der Muralha de Dom Dinis. Sie sollte Lissabon vor Piratenangriffen schützen, wurde aber nie fertiggestellt und im 14. Jahrhundert durch die heute besser bekannte Fernandinische Stadtmauer abgelöst. Beim Klang gregorianischer Gesänge tauche ich in eine andere Epoche ein – die Sicherheitsschleuse und der Goldbarren scheinen plötzlich weit, weit weg.

Im Obergeschoss dreht sich dann wieder alles ums Geld, genauer: die Geldgeschichte Portugals von den Goldmünzen aus dem 12. Jahrhundert über den Goldrausch im brasilianischen Minas Gerais im 17. Jahrhundert bis hin zu Druckbögen der Escudo-Scheine aus dem 20. Jahrhundert. Anfassen ist hier nicht mehr erlaubt, aber ich genieße den Blick in die ehemalige Kirche. Schwer vorstellbar, dass man sie früher als Garage für Dienstwagen nutzte. Ein Riss durch den einstigen Hochaltar erinnert daran, dass die Zentralbank einen Teil des Kircheninneren einfach weghämmern ließ. Gut, dass sie das heute anders sieht!

WENN MAN SCHON MAL HIER IST:

Das beeindruckende Lissabonner Rathaus **Paços do Concelho** an der **Praça do Município** (geführte Besuche jeden 1. Sonntag im Monat um 11 Uhr, Eintritt frei) ist direkter Nachbar des **Geldmuseums**. Wer die **Rua do Arsenal** hinunterschlendert, findet in Haus Nr. 162 die **Loja das Conservas** ⟶ mit der größten Auswahl an Fischkonserven in Lissabon. In der zugehörigen Snackbar kann man auch direkt Gerichte daraus probieren.

SKELETTE IM BANKKELLER

ARCHÄOLOGISCHE SCHÄTZE AUS DER GESCHICHTE LISSABONS

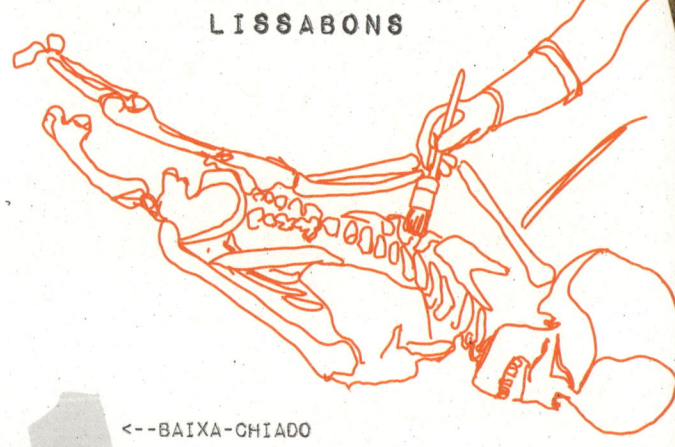

<--BAIXA-CHIADO

BAIXA-CHIADO Ⓜ

+++ **STECKBRIEF** +++
WO? NÚCLEO ARQUEOLÓGICO DA RUA DOS CORREEIROS. RUA AUGUSTA. 96 SOWIE RUA DOS CORREEIROS. 9 UND 21. U BAIXA-CHIADO. TEL. 211131004. MILLENNIUMBCP.PT +++ **WANN?** MO-SA 10-12 UND 14-17 UHR. SO/FEI GESCHLOSSEN +++ **WIE LANGE?** CA. 45 MINUTEN +++ **WIE VIEL?** EINTRITT FREI! +++ **WICHTIG!** BESUCH NUR IM RAHMEN VON FÜHRUNGEN (AUF PORTUGIESISCH UND ENGLISCH). DIE JEWEILS ZUR VOLLEN STUNDE STARTEN. VORANMELDUNG SEHR EMPFOHLEN. DA ES PRO FÜHRUNG NUR WENIGE PLÄTZE GIBT! +++

KOSTENLOS

AMPHOREN, TONGESCHIRR und Wandfliesen – das sind nicht gerade die Gegenstände, die man im Vorraum einer Bank erwarten würde, denke ich, als ich eintrete. Doch die Banco Comercial Português (Millennium BCP) ist anders: Sie hat sogar Skelette im Keller!

Das Untergeschoss der BCP birgt die spannendsten archäologischen Funde aus der Geschichte Lissabons: Von der phönizischen Besiedlung im 8. bis 5. Jahrhundert v. Chr. über die Römerzeit bis zum islamischen und christlichen Mittelalter sind alle Zeitabschnitte vertreten. Das ist in der Stadt einzigartig.

Von den Touristen, die scharenweise direkt vor der Tür durch die Lissabonner Fußgängerzone strömen, nimmt jedoch kaum einer diese durch die Stiftung Fundação Millennium BCP betriebene Ausstellung wahr. Ich bin heute hier, um die historischen Schätze in Rahmen einer Führung zu erkunden.

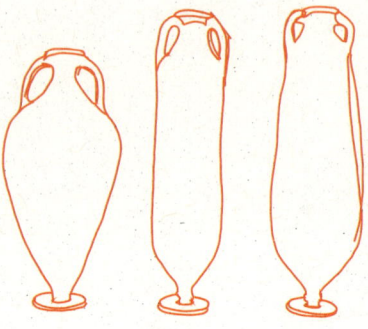

NACH EINEM ABRISS über die Geschichte des Gebäudes geht es auch schon nach unten. Metallstege schlängeln sich durch die Ausstellungsbereiche, immer wieder überwinden wir Stufen, oft bleibt nur wenig Platz zur Decke. »Passen Sie gut auf Ihren Kopf auf!«, warnt die Führerin.

Um mich herum kommen die Ersten ins Schwitzen. Für Personen mit eingeschränkter Mobilität ist der Parcours nicht zu schaffen. Und ein bisschen fühlt man sich wie die Archäologen, die sich hier fünf Jahre lang durch 800 Schichten Geschichte gruben – über drei Meter tief in den Untergrund hinein. Als die Privatbank Anfang der 90er ein Parkhaus unter ihrem Lissabonner Hauptgebäude bauen wollte, waren die Arbeiter dort auf interessante Gegenstände gestoßen …

Bei den Funden aus römischer Zeit gerät die Führerin geradezu ins Schwärmen. »Lissabon war eines der bedeutendsten Zentren des Römischen Reichs zur Herstellung von eingesalzenem Fisch«, erklärt sie, als wir vor fünf Amphoren stehen. »Darin hat man die hier produzierte Würzsauce aus vergorenem Fisch namens Garum nach Rom verschifft. An diesem Ort befanden sich 7 Fabriken mit insgesamt 32 Gärtanks. Wir nehmen an, das Garum hat in etwa so geschmeckt wie heute thailändische Fischsauce.«

DAS GESCHÄFT MIT DEM FISCH sicherte den Lissabonnern zur Römerzeit ihr wirtschaftliches Auskommen. Allzu schlecht kann es nicht gelaufen sein, denke ich, als wir ein prächtiges Mosaik aus dem 3. Jahrhundert n. Chr. passieren. Es gehörte zu einer Kaltwassertherme, einem sogenannten Frigidarium, das die Römer hier errichtet hatten. Ich bin fasziniert: So alte Ruinen sieht man nur ganz selten in Lissabon. Und hier, ausgerechnet im Keller einer Bank, stehe ich vor dem schönsten Fundstück aus der Römerzeit. Und auf engem Raum kann ich sogar eine archäologische Zeitreise durch Tausende Jahre Stadtgeschichte machen: von den Phöniziern bis ins Mittelalter.

Nach dem Ende der Römerherrschaft im 5. Jahrhundert verfielen sowohl die Fischfabrik als auch das Bad. »In diesen unruhigen Zeiten verließ die Bevölkerung die Gegend am Flussufer. Hin und wieder nutzte man den Ort aber noch als Grabstätte«, erklärt die Historikerin. Wie zum Beweis gelangen wir an ein gut erhaltenes mittelalterliches Skelett – und gruseln uns etwas, bevor es wieder nach oben ans Tageslicht geht. Wer hätte gedacht, was dieser Bankkeller alles zu erzählen hat!

WENN MAN SCHON MAL HIER IST:

Nur ein paar Meter ist der **Triumphbogen Arco da Rua Augusta** entfernt (siehe S. 38). Wer mehr über die Geschichte der Stadt erfahren will, besucht die Multimedia-Ausstellung **Lisboa Story Centre** ☐→ auf der Ostseite der **Praça do Comércio**. Der Bereich zum großen Erdbeben von 1755 lohnt sich (tägl. 10–20 Uhr, letzter Einlass 19 Uhr, Eintritt 7 Euro, Studenten und ab 65 J. sowie bis 15 J. 5 Euro, bis 5 J. frei; Kombitickets mit dem Arco da Rua Augusta für 8 Euro).

IM SATTEL DES DRAHTESELS

EINE FAHRRADTOUR ENTLANG DES TEJO

BAIXA-CHIADO -->

CAIS DO SODRÉ M

+++ S T E C K B R I E F +++
WO? START UND ENDE DER TOUR AM FAHRRADVERLEIH BIKE IBERIA: LARGO DO CORPO SANTO, U CAIS DO SODRÉ, TEL. 213470347, LISBONHUB.COM +++ **WANN?** JEDERZEIT TAGSÜBER MÖGLICH +++ **WIE LANGE?** FÜR DIE FAHRTSTRECKE VON CA. 16 KILOMETERN BRAUCHT MAN ETWA 1,5 STUNDEN. WER UNTERWEGS ETWAS BESICHTIGEN MÖCHTE, PLANT BESSER EINEN HALBEN TAG EIN +++ **WIE VIEL?** RADVERLEIH 10 EURO FÜR 4 STD. UND 15 EURO PRO TAG FÜR EINFACHE STADTRÄDER (INKL. HELM) +++ **WICHTIG!** ES GIBT AUCH KINDERRÄDER, ANHÄNGER UND BIKE TRAILER FÜR DIE KLEINEN, TOURENRÄDER, MOUNTAINBIKES UND E-BIKES. DER TEJO-RADWEG IST ABER KOMPLETT EBEN! +++

GÜNSTIG, FAMILIENFREUNDLICH

BAIXA UND CHIADO

ES IST EIN HERRLICHER FRÜHLINGSMORGEN, ein blauer Himmel wie aus dem Lissabonner Bilderbuch. »Schön, dich zu sehen!«, begrüßt mich Tania Caldas von Bike Iberia. Mit fachkundigem Blick sucht sie ein für mich perfekt passendes Rad mit großem Rahmen aus, drückt mir einen Helm und ein Schloss in die Hand. »Hast du an Sonnencreme gedacht?«, fragt sie mich mit Blick nach oben. Ja, habe ich. Die Tour kann beginnen!

Vorsichtig überquere ich die tückischen Schienen der Tramlinie 15 vor der Tür des Radverleihs, um auf die andere Seite des Platzes vor dem Bahnhof Cais do Sodré zu kommen. Nur ein paar Meter sind es bis zur gleichnamigen Fährstation, und schon stehe ich am Beginn des Tejo-Uferradwegs. Über mir ziehen kreischende Möwen durch die Lüfte. Eine frische Brise bläst mir um die Ohren, sie riecht nach Lissabon und dem unverwechselbaren Duft des Tejo.

ANFANGS TEILEN SICH DIE RADFAHRER
den Uferweg mit den Fußgängern. Erst wenn man die Clubs in den ehemaligen Lagerhäusern hinter sich lässt, kommt man schneller voran. Ich muss aber auch auf den nächsten Kilometern immer wieder mal klingeln, da einige Fußgänger auf der Radspur spazieren gehen.

Am ersten größeren Hafenbecken, am Cais da Rocha Conde d'Óbidos, stoppe ich. Der Santini-Eisstand direkt neben dem Radweg ist zu verlockend. Während ich meine Eiskugel schlecke, zähle ich insgesamt 15 Radler, die vorbeifahren. 2009, als der Uferradweg gerade eröffnet wurde, war ich auf dieser Strecke noch fast allein unterwegs. Langsam etabliert sich das Zweirad offenbar auch in Lissabon.

Auf dem folgenden Abschnitt im Stadtteil Alcântara öffnen sich immer wieder interessante Blicke hin zum Containerhafen. Aber auch die Piste selbst verdient Beachtung: Die Stadt Lissabon hat sie mit Gedichten von Fernando Pessoa besprüht. Street-Art im wahrsten Sinne des Wortes.

An der Doca de Santo Amaro muss ich etwa 100 Meter schieben – über die Terrassen zahlreicher Bars und Restaurants. Aber schon unter der Tejo-Brücke sitze ich wieder im Sattel. Ab jetzt folgt der Weg schnurstracks dem Flussufer.

DER WIND FRISCHT AUF, die Südseite des Tejo ist bereits in Wolken gehüllt. Hier auf der Nordseite bleibt es sonnig. Vorbei an der glitzernden Porzellanfassade des futuristischen Kunstmuseums MAAT erreiche ich die Fährstation Belém – und beschließe kurzerhand, vom Weg abzuweichen. Über die Brücke am Bahnhof nebenan geht es ins Stadtteilzentrum. Für diesen Schlenker habe ich den besten Grund, den man sich vorstellen kann: die *pastéis de nata* der legendären Konditorei Pastéis de Belém! Das köstliche Blätterteiggebäck mit Puddingcreme duftet und schmeckt einfach zu gut, wenn es hier frisch aus dem Ofen kommt …

Durch die Unterführung am Denkmal der Entdeckungen Padrão dos Descobrimentos gelange ich wieder auf den Uferradweg zurück. Zahlreiche Touristen posieren mitten auf der Strecke für Selfies und lassen sich von nichts beirren. Jetzt ist es nicht mehr weit bis zu meinem Wendepunkt, dem Torre de Belém, einem der Lissabonner Wahrzeichen. Angesichts der riesigen Schlange vor dem Eingang spare ich mir die Besichtigung heute – und genieße bei leichtem Rückenwind den Rückweg.

WENN MAN SCHON MAL HIER IST:

An der Strecke liegen viele Sehenswürdigkeiten: Wenn man bei Cais da Rocha Conde d'Óbidos die Bahnlinie überquert, erreicht man das **Museu Nacional de Arte Antiga** (siehe S. 158). Für alle, die die Strecke am Tejo-Ufer nach Belém lieber in Begleitung eines Guides zurücklegen möchten, bietet Bike Iberia die **Lisbon Waterfront & Discoveries Tour** ☐→ an (Mo–Fr jeweils um 10 Uhr, 30 Euro pro Person inkl. Radverleih, Mindestteilnehmerzahl 2 Personen).

WENN MAN SCHON MAL IN IN DER BAIXA UND IM CHIADO IST

+++ SEHEN +++
+++ ESSEN +++
+++ SHOPPEN +++
+++ AUSGEHEN +++
+++ SCHLAFEN +++

SEHEN

ARCO DA RUA AUGUSTA

Die Nordseite der Praça do Comércio schließt der 1873 fertiggestellte Triumphbogen ab, auf dem wichtige Persönlichkeiten der portugiesischen Geschichte verewigt wurden. Mit dem Aufzug gelangt man von einem Nachbarhaus in den 2. Stock. Über enge Stufen (beim Auf- und Abgang das Ampelsystem beachten) erreicht man die Aussichtsplattform auf dem Triumphbogen mit sehr sehenswertem Rundumblick auf das Straßennetz der Baixa.

+++ RUA AUGUSTA, 2-10 +++ U TERREIRO DO PAÇO +++ LISBOASTORYCENTRE.PT +++ TÄGL. 9-19 UHR (MITTE APRIL-ENDE OKT. BIS 20 UHR, MITTE MAI-ENDE AUGUST BIS 21 UHR) +++ EINTRITT 2,50 EURO, BIS 5 J. FREI, KOMBITICKET MIT LISBOA STORY CENTRE 8 EURO (STUDENTEN UND AB 65 J. 6,50 EURO, BIS 15 J. 4,50 EURO, FAMILIEN 24 EURO) +++

IGREJA DO CONVENTO DO CARMO

Am Largo do Carmo ragen die weithin sichtbaren, strahlend weißen Ruinen dieser Klosterkirche in den Himmel. Sie wurde im 14. Jahrhundert im gotischen Stil errichtet, durch das Erdbeben 1755 größtenteils zerstört und nie wieder ganz aufgebaut. Hier werden schon lange keine Messen mehr gelesen, seit 1864 hat das Museu Arqueológico do Carmo in der Ruine sein Zuhause gefunden. Es zeigt etwas willkürlich zusammengestellte archäologische Fundstücke, darunter römische Grabmäler und peruanische Mumien.

+++ LARGO DO CARMO +++ U BAIXA/CHIADO +++ MUSEUARQUEOLOGICODOCARMO.PT +++ TÄGL. (AUSSER SO UND FEI) 10-18 UHR (JUNI-SEPT. BIS 19 UHR) +++ EINTRITT 4 EURO. STUDENTEN UND ÜBER 65 J. 3 EURO. BIS 14 J. FREI +++

RIBEIRA DAS NAUS

Über die breite Uferpromenade kann man vom Bahnhof Cais do Sodré bis zur Praça do Comércio am Ufer des Rio Tejo entlangschlendern. In der Mitte der heutigen Uferstraße befand sich bis Anfang des 20. Jahrhunderts die Werft der königlich-portugiesischen Marine, deren Trockendocks heute wieder zu sehen sind. Wer mag, setzt sich am östlichen Ende der Avenida da Ribeira das Naus auf die Treppen des Cais das Colunas, des »Säulenkais«, schaut den an- und ablegenden Fähren zu und schnuppert die Flussluft.

+++ U CAIS DO SODRÉ UND U TERREIRO DO PAÇO +++

←◻ ELEVADOR DE SANTA JUSTA

Der Aufzug aus dem Jahr 1902, dessen Kabinen 32 Meter senkrecht nach oben gezogen werden, verbindet die Baixa mit dem Nachbarviertel Chiado und wurde von Raoul Mesnier du Ponsard entworfen. Er ließ sich vom gotischen Stil inspirieren. Leider oft lange Menschenschlangen. Tipp: Bei der Fahrt nach unten geht es meist flotter.

+++ RUA DO OURO UND LARGO DO CARMO +++ U BAIXA/CHIADO +++ CARRIS.PT +++ TÄGL. 7.30-21 UHR (OSTERN SOWIE MAI-OKT. BIS 23 UHR) +++ EINZELKARTE 5.30 EURO (BERG- UND TALFAHRT, ZUGANG AUSSICHTSTERRASSE). BIS 4 J. FREI. AUCH ZEITKARTEN UND ZAPPING DES ÖPNV GÜLTIG (OHNE TERRASSE) +++

MUSEU NACIONAL DE ARTE CONTEMPORÂNEA DO CHIADO – MNAC

Das Museum für zeitgenössische Kunst, gegründet 1911, ist in einem ehemaligen Franziskanerkonvent untergebracht. Bilder portugiesischer Künstler, aber auch Plastiken von Auguste Rodin. Stilistisch spannt sich ein Bogen von der Romantik über den Naturalismus bis hin zum Symbolismus.

+++ RUA SERPA PINTO, 6 +++ U BAIXA/CHIADO +++ MUSEUARTECONTEMPORANEA.PT +++ TÄGL. (AUSSER MO UND FEI) 10-18 UHR. LETZTER EINTRITT 17.30 UHR +++ EINTRITT 4.50 EURO. STUDENTEN, FAMILIEN SOWIE AB 65 J. 50% ERMÄSSIGUNG. BIS 12 J. FREI +++

BAIRRO DO AVILLEZ

Doppel-Restaurant des Fernsehkochs José Avillez: vorne die Taberna, in der man in gemütlichem Ambiente portugiesische Kleinigkeiten (*petiscos*) ab 3 Euro serviert bekommt. Weiter hinten gelangt man in den Páteo, ein gehobenes Restaurant mit Hauptgerichten ab 23,50 Euro, das auf Meeresfrüchte und Fisch spezialisiert ist.

+++ RUA NOVA DA TRINDADE, 18 +++ U BAIXA/CHIADO +++ 215830290 +++ BAIRRODOAVILLEZ.PT +++ TÄGL. 12.30-15 UND 19-24 UHR (TABERNA AB 12 UHR DURCHGEHEND GEÖFFNET) +++

BOA-BAO

Kulinarische Höhepunkte Asiens von Indischen Samosas über Thai-Currys bis zur vietnamesischen Phở bò-Rindersuppe, alles in 1a-Qualität. Tipp als Vorspeise sind die Dim Sum. Hauptgerichte ab 14 Euro.

+++ LARGO RAFAEL BORDALO PINHEIRO, 30 +++ U BAIXA/CHIADO +++ 919023030 +++ BOABAO.PT +++ TÄGL. 12-23.30 UHR (FR/SA BIS 0.30 UHR). KEINE RESERVIERUNGEN. OFT LÄNGERE WARTEZEITEN (WARTEMARKE AM EINGANG) +++

CAFÉ LISBOA

Vom portugiesischen Chefkoch José Avillez betriebenes Restaurant mit klassizistischem Dekor in einem Seitenflügel der Lissabonner Oper. Traditionelle Küche der portugiesischen Hauptstadt ab 11 Euro pro Hauptgericht.

+++ LARGO DE SÃO CARLOS, 23 +++ U BAIXA/CHIADO +++ 211914498 +++ CAFELISBOA.PT +++ TÄGL. 12-24 UHR +++

CASA DO ALENTEJO □↑

Der prächtige, pseudomaurische Alverca-Palast aus dem 17. Jahrhundert beherbergt das öffentlich zugängliche Clubhaus der »portugiesischen Ostfriesen«, der Alentejaner aus dem Süden Portugals. Im kleinen Innenhof auch Terrassenbetrieb. Das eigentliche Restaurant und eine Bar findet man im zweiten Stock. Kleine Auswahl an Gerichten aus der Region Alentejo ab 11 Euro (mittags Tagesgerichte ab 8 Euro).

+++ RUA DAS PORTAS DE SANTO ANTÃO, 58 +++ U RESTAURADORES +++ 213405140 +++ CASADOALENTEJO.COM.PT +++ TÄGL. (AUSSER FEI) 12-15 UND 19-22.30 UHR +++

A LICORISTA E O BACALHOEIRO

Zwei Restaurants hinter dem Torbogen am Rossio, die sich die Küche teilen. Schmackhafte portugiesische Speisen mit Hauptgerichten ab 7,50 Euro. Volksnahe Atmosphäre.

+++ RUA DOS SAPATEIROS, 218/222/224 +++ U ROSSIO +++ 213431415 +++ FACEBOOK.COM/190553690975983 +++ TÄGL. (AUSSER SO UND FEI) 12-15 UND 19-22 UHR +++

MARTINHO DA ARCADA

Im 1782 gegründeten und somit ältesten Café Lissabons ließ sich einst auch der portugiesische Dichter Fernando Pessoa täglich seine Bica (Espresso) und einen Schnaps servieren. Links hinten im Restaurantbereich des Cafés steht sogar immer noch sein Lieblingstisch.

+++ PRAÇA DO COMÉRCIO, 3 +++ U TERREIRO DO PAÇO +++ 218879259 +++ MARTINHODAARCADA.PT +++ TÄGL. (AUSSER SO) 7-23 UHR +++

CONFEITARIA NACIONAL

Eine der ältesten Konditoreien Portugals, seit der Gründung 1829 in Familienbesitz. Beeindruckende Innenausstattung des Cafés: großflächige Spiegel, geschwungenes Holz, ausladende Vitrinen. In den ruhigen Sälen oben gibt es auch Hauptgerichte (Selbstbedienung).

+++ PRAÇA DA FIGUEIRA, 18-B/C +++ U ROSSIO +++ 213424470 +++ CONFEITARIANACIONAL.COM +++ TÄGL. 8-20 UHR (SA/SO BIS 21 UHR, SO ERST AB 9 UHR) +++

A BRASILEIRA

Gegründet hat dieses weltbekannte Café ein aus Brasilien heimgekehrter Portugiese; das war 1906. Klassizistische Inneneinrichtung mit großen Spiegeln. Wer sparen will, steht am Tresen oder setzt sich innen, da draußen auf alles ein Aufschlag berechnet wird.

+++ RUA GARRETT 120 +++ U BAIXA/CHIADO +++ 213558023 +++ TÄGL. 8-2 UHR +++

++++++++++++ **SHOPPEN** ++++++++++++

CHAPELARIAS AZEVEDO RUA

Dieses Hutgeschäft existiert seit 1886, befindet sich seit fünf Generationen in Familienbesitz und ist eine Lissabonner Institution. Früher nur Kopfbedeckungen für Männer, erst seit 1988 auch Damenhüte, mit denen inzwischen aber ein Großteil des Umsatzes gemacht wird.

+++ PRAÇA DOM PEDRO IV 69 BIS 73 +++ U ROSSIO +++ AZEVEDORUA.PT +++ TÄGL. (AUSSER SO) 9.30-19 UHR (SA ERST AB 10 UHR) +++

LIVRARIA BERTRAND □↑
Seit 1773 und damit die älteste Buchhandlung der Welt. Portugiesische und ein paar englische Titel, kleines Café im hinteren Bereich.
+++ RUA GARRETT. 73-75 +++ U BAIXA/CHIADO +++ BERTRAND.PT +++ TÄGL. 9-22 UHR +++

++++++++++++ AUSGEHEN ++++++++++++

A GINJINHA
Kaschemme mit nur einem winzigen Raum, in dem seit 1840 köstlicher Kirschlikör ausgeschenkt wird. Die *ginjinha* kann man sich entweder mit oder ohne Sauerkirsche (*com elas* oder *sem elas*) servieren lassen (Glas 1,40 Euro).
+++ LARGO DE SÃO DOMINGOS. 8 +++ U ROSSIO +++ TÄGL. 9-22 UHR +++

WINE NOT?
Weinbar der Firma Casa Ermelinda Freitas aus dem Ort Águas de Moura auf der Tejo-Südseite. Es werden nur regionale Weine dieser Kellerei ausgeschenkt, z. B. der empfehlenswerte Sauvignon Blanc. Glas ab 2 Euro. Dazu gibt es Kleinigkeiten wie Oliven oder Käse.
+++ RUA IVENS 45 +++ U BAIXA/CHIADO +++ 916360626 +++ FACEBOOK.COM/WINENOTLISBON +++ MO-SA 11-24 UHR +++

SCHLAFEN

CASA BALTHAZAR
Bed & Breakfast in einer wunderschönen Altstadtvilla direkt über dem Rossio-Bahnhof. Unglaublich ruhig, obwohl sehr zentral. Holzdielen, eigene Bäder. Fast alle Zimmer mit Küchenzeile und Kühlschrank. DZ je nach Saison ab 160–330 Euro (Frühstück inkl.).
+++ RUA DO DUQUE, 26 +++ U RESTAURADORES +++ 917085568 +++ CASABALTHAZARLISBON.COM +++

THE ART INN LISBON
Familiäres Bed & Breakfast nahe des Rossio. Die 11 Zimmer hat die portugiesische Künstlerin Alexandra Prieto gestaltet. Alle mit Badezimmer (Dusche), Klimaanlage, Tresor und Kabel-TV. Kostenloses WLAN. DZ je nach Saison 94–234 Euro (Frühstück inkl.).
+++ RUA 1º DE DEZEMBRO, 31 +++ U ROSSIO +++ 213470918 +++ THEARTINN.COM +++

ESQINA URBAN LODGE
Eckhaus, erbaut im pombalinischen Stil nach dem Erdbeben von 1755, zentral, aber recht ruhig. 30 Zimmer auf 3 Etagen (Aufzug). Moderne Zimmer mit eigenem Bad. DZ je nach Saison 50–155 Euro, Frühstück 8 Euro/Person.
+++ RUA DOS SAPATEIROS, 92 +++ U BAIXA/CHIADO +++ 217651579 +++ ESQINA.COM +++

TRAVELLERS HOUSE
Preisgekröntes Hostel im 1. Stock eines schönen Altbaus. Schlafsäle mit 4–6 Betten und Gemeinschaftsbädern, 4 DZ mit eigenem Bad, einige Appartements. 24–31 Euro pro Bett im Schlafsaal, DZ 60–100 Euro (jeweils mit Frühstück). 2 Nächte Mindestaufenthalt.
+++ RUA AUGUSTA, 89-1º +++ U BAIXA/CHIADO +++ 210115922 +++ TRAVELLERSHOUSE.COM +++

2
ALFAMA, MOURARIA UND GRAÇA

+++ ERLEBEN +++

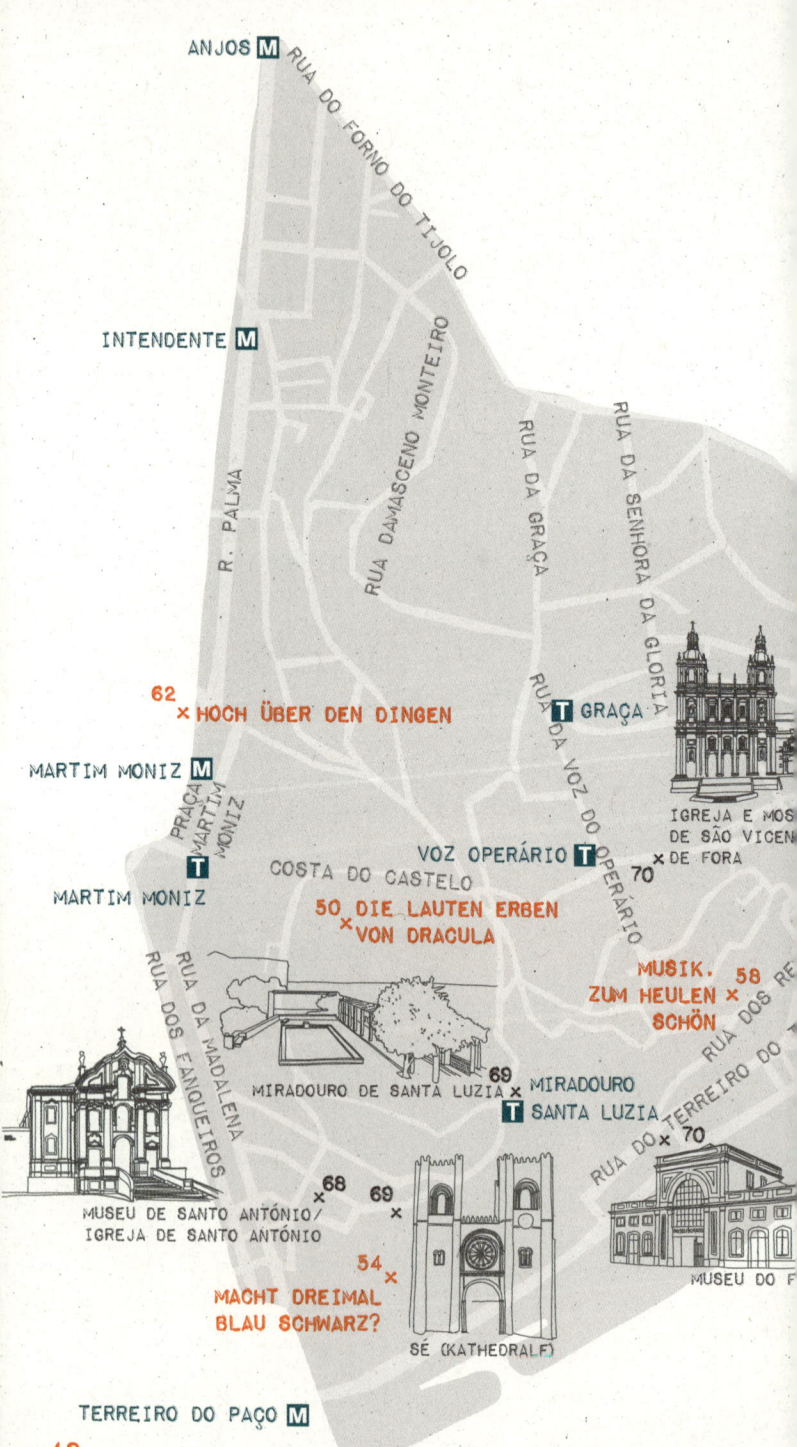

DIE ALFAMA ist Lissabons bekanntestes und schönstes Altstadtviertel, von hier aus ist die Stadt rund um den Burgberg entstanden. Im Labyrinth der Gässchen, das an marokkanische Innenstädte erinnert, kann man sich herrlich verlaufen. Nördlich der Burg liegt das alte Maurenviertel Mouraria mit seinen etwas dunkel anmutenden Gassen, seit Langem eine von sozialen Problemen geprägte Gegend. Dagegen ist die nordöstlich der Burg gelegene Graça bei vielen Lissabonnern – und zunehmend auch bei Touristen – als lichtes und grünes Wohnquartier beliebt.

DIE LAUTEN ERBEN VON DRACULA

EINE FLEDERMAUS-EXPEDITION AUF DER LISSABONNER BURG

ALFAMA-->

MIRADOURO SANTA LUZIA 🆃

+ + + **S T E C K B R I E F** + + +
WO? CASTELO DE SÃO JORGE. TRAM 12 ODER 28 BIS HALT MIRADOURO SANTA LUZIA +++ **WANN?** VON JUNI BIS SEPTEMBER JEDEN SAMSTAG UM 20.30 UHR (AUF PORTUGIESISCH UND ENGLISCH) +++ **WIE LANGE?** CA. 2 STUNDEN +++ **WIE VIEL?** 10 EURO PRO PERSON (FAMILIENKARTE 20 EURO) +++ **WICHTIG!** VORANMELDUNG AN DER BURGKASSE ODER PER E-MAIL INFO@CASTELODESAOJORGE.PT ERFORDERLICH +++

GÜNSTIG. FAMILIENFREUNDLICH

ALFAMA, MOURARIA, GRAÇA

AM ANFANG IST DA NUR DAS DUNKEL.
Lediglich die hell angestrahlten Mauern und Zinnen lösen sich aus der Finsternis. Doch in der Nacht gibt es Leben. »Hier auf der Burg Castelo de São Jorge findet man vier Fledermausarten«, erklärt die Biologin, die mich und mehrere Familien an diesem Abend führt, auf Portugiesisch und Englisch. Sie drückt jedem ein laminiertes Blatt mit Tierzeichnungen in die Hand. »Darunter fliegt mit der Europäischen Bulldoggfledermaus eine der größten und mit der Zwergfledermaus eine der kleinsten Gattungen ihrer Art in Europa um die Burgmauern. Außerdem leben hier noch die Wasser- und die Breitflügelfledermaus.« Aufmerksam studieren wir die Illustrationen und bemerken erstaunt, wie unterschiedlich die Silhouetten sind: auffällig große Rundohren bei der Bulldogg- und kleine Spitzohren bei der Zwergfledermaus.

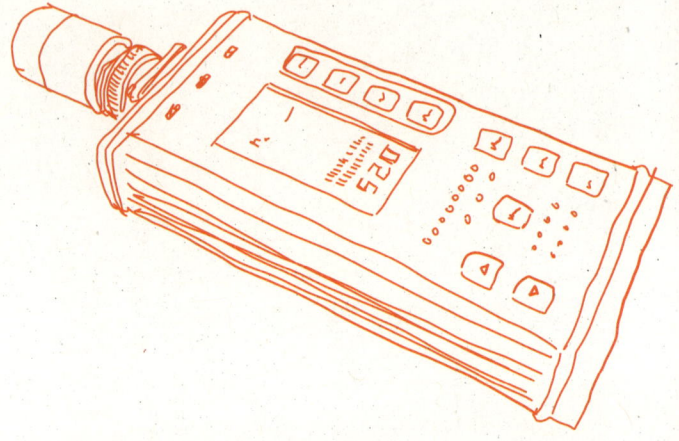

WÄHREND UNSERE FÜHRERIN noch manches zur Lebensweise und Ernährung der Tiere erklärt, wandert mein Blick hinüber zu den erleuchteten Mauern. Im Dunkel der Nacht kann ich immer noch absolut nichts erkennen. Und wie, um Himmels willen, soll man aus dieser Entfernung verschiedene Arten auseinanderhalten? Meine Skepsis spiegelt sich in den Gesichtern der anderen Teilnehmer, die es wie ich kaum erwarten können, endlich ein paar Tiere zu erspähen. »Wir werden ganz sicher einige sehen«, beruhigt mich die Biologin. »Und vor allem werden wir sie hören – und zwar mit diesem Gerät«, sagt sie und zieht mit einem Schmunzeln einen Ultraschalldetektor aus ihrem Rucksack.

Spätestens jetzt hat sie die volle Aufmerksamkeit der Gruppe: Plötzlich wird die nächtliche Stille von Fledermausschreien durchbrochen. Wir lauschen gebannt. Über einen Wählschalter auf der Oberseite des schwarzen Kastens, etwa so groß wie eine Zigarettenschachtel, lassen sich für menschliche Ohren sonst nicht wahrnehmbare Töne über 20 Kilohertz in hörbare Frequenzen verwandeln.

»**MIT DEM RICHTMIKROFON** können wir ausmachen, wo die Fledermäuse jagen«, sagt sie und richtet es auf eine nahe Laterne. Und siehe da, auf einmal bemerke ich, wie mehrere Fledermäuse immer wieder für Sekundenbruchteile in den Lichtkegel vorstoßen, um Insekten zu fangen.

Schnell wandert der Detektor von Hand zu Hand. Vor allem die Kinder drehen ihn neugierig in alle Richtungen. Zur Stadt hin sind keine Fledermäuse unterwegs, doch wenn man das Mikro auf die Burgtürme und die beleuchteten Fußwege richtet, wird es laut, und das melodische Fiepen der kleinen Säugetiere ertönt.

Plötzlich verwandelt sich ein beschaulicher Abend auf der Burg in eine Nacht inmitten Hunderter hochaktiver Fledermäuse. Manch einer findet das gruselig, doch unsere Führerin zerstreut schnell die Mythen von blutsaugenden Vampiren und betont, wie wichtig die Tiere seien, um die Zahl der Insekten in Schach zu halten.

Seit diesem Erlebnis kann ich die Tiere auch ohne Ultraschalldetektor erkennen. An vielen Orten ist so für mich Leben ins Dunkel gekommen.

WENN MAN SCHON MAL HIER IST:

Ein Besuch der Burg lohnt sich auch tagsüber, allein schon wegen des beeindruckenden Panoramas und der archäologischen Grabungen (tägl. 9–18 Uhr, März–Okt. bis 21 Uhr, Einlass bis 30 Min. vor Schluss, Fei geschl., Eintritt 8,50 Euro, ab 65 J., Studenten und Familien ermäßigt). Danach kann man am Aussichtspunkt **Portas do Sol** □→ auf der Veranda der **gleichnamigen Bar** entspannen (siehe S. 73) oder von der Terrassenbar **Esplanada Igreja da Graça** aus den Blick auf die Burg genießen.

MACHT DREIMAL BLAU SCHWARZ?

AZULEJO-FLIESEN SELBST BEMALEN

ALFAMA --> \
TERREIRO DO PAÇO M

+ + + **S T E C K B R I E F** + + +
WO? LOJA DOS DESCOBRIMENTOS, RUA DOS BACALHOEIROS, 12-A, U TERREIRO DO PAÇO, TEL. 218865563, LOJA-DESCOBRIMENTOS.COM +++ **WANN?** TÄGL. 9-19 UHR +++ **WIE LANGE?** ETWA 1,5 STUNDEN +++ **WIE VIEL?** PRO FLIESE 15 EURO (BEI EIGENEM MOTIV 18 EURO) +++ **WICHTIG!** ES IST EMPFEHLENSWERT, SICH VORHER ZUM WORKSHOP ANZUMELDEN, DER AUF ENGLISCH UND PORTUGIESISCH ANGEBOTEN WIRD. DIE AZULEJOS KANN MAN ERST ZWEI TAGE SPÄTER ABHOLEN, WENN SIE FERTIG GEBRANNT SIND +++

DIE SCHWARZ-WEISS-BLAUE RAUTE DES HSV,

meines Lieblingsfußballclubs: Ein einfaches Motiv, genau richtig für meine erste selbst bemalte Fliese, denke ich. Doch es sollte schwieriger werden als gedacht.

Die Azulejos zieren in Portugal Bahnhöfe, U-Bahn-Stationen und Restaurants. Diese als traditionell portugiesisch empfundene Kunstform wurde ursprünglich von den islamischen Mauren auf die Iberische Halbinsel gebracht. Anfangs waren die Fliesen einfarbig und mit streng geometrischen Motiven versehen, über die Jahrhunderte kamen neue Farben und Bilder hinzu.

»Zuerst müssen Sie Ihr Motiv auf Transparentpapier zeichnen«, beginnt der Mitarbeiter des kleinen Geschäftes Loja dos Descobrimentos meinen individuellen Workshop. Während ich mich mit HB-Bleistift und Lineal an einem Tisch im Verkaufsraum ans Werk mache, sucht er die nötigen Farben zusammen.

»WO IST DENN DAS SCHWARZ GEBLIEBEN?«,
murmelt er und durchwühlt sämtliche Ablagen. »Schwarz wird bei den Azulejos im Gegensatz zu Blau oder Gelb nur sehr selten eingesetzt. Ich vermute mal, wir haben es nicht mehr«, zuckt er nach ein paar Minuten Suche bedauernd mit den Schultern. »Dann müssen Sie vielleicht das dunkle Blau in mehreren Schichten auftragen, sodass es nach dem Brennen fast wie Schwarz erscheint.«

Zu meiner Überraschung drückt er mir aber nicht etwa einen Pinsel, sondern eine Nadel mit Plastikgriff in die Hand: »Nun müssen Sie alle Linien auf dem Transparentpapier im Abstand von 2–3 Millimetern perforieren, damit wir das Motiv auf die Fliese übertragen können.« Geduldig setze ich Stich für Stich, ein Styroporblock als Unterlage schützt den Tisch. Die Arbeit hat etwas Meditatives.

Als Nächstes reicht er mir ein mit Kohlenstaub befülltes Stoffsäckchen. Damit betupfe ich vorsichtig das perforierte Transparentpapier, das ich bündig auf der Rohfliese halte. 14 x 14 Zentimeter messen die Fliesen hier, das sind die traditionellen Maße. Die industriell hergestellten Azulejos sind mit 15 x 15 Zentimeter etwas größer. Auf der weißen Oberfläche entsteht eine schemenhafte Abbildung meines Motivs.

ENDLICH DARF ICH DIE FARBEN NEHMEN.

Mit einem dicken und einem dünnen Pinsel trage ich sie sorgfältig auf. Für die schwarzen Flächen lasse ich das Blau trocknen, dann folgt die zweite Schicht. »Wieso denn so viel Blau?«, fragt eine Mitarbeiterin, die inzwischen ihre Schicht begonnen hat. Sie greift zielstrebig in eine Kiste in der Ecke und zaubert ein Fläschchen mit der Aufschrift »preto« (»schwarz«) hervor. Kurz die Farbe mit etwas Wasser angerührt, und schon kann ich damit malen.

Nach einer Stunde bin ich fertig. Jetzt fehlt noch die Signatur: Mit dem Griff des Pinsels ritze ich meine Initialen in die Farbe. Zum Trocknen kommt mein Azulejo auf eine Staffelei. Anschließend wird er 24 Stunden lang bei bis zu 1.000 Grad im Ofen gebrannt.

Zwei Tage später bin ich zurück, um mein Werk abzuholen. Von der fragilen Rohfliese ist nichts mehr zu spüren, in meinen Händen halte ich solide Keramik. Am meisten freue ich mich über das satte Schwarz der Raute. Wobei: Insgeheim hätte ich gerne gesehen, ob die drei Schichten Blau wirklich fast schwarz geworden wären.

WENN MAN SCHON MAL HIER IST:

Direkt nebenan, in der **Casa dos Bicos** □→ mit ihren spitzen Fassadensteinen, gibt es im Erdgeschoss archäologische Funde zu besichtigen, u. a. Tanks aus der römischen Zeit zur Konservierung von Fisch (museudelisboa.pt, Eintritt frei). Im OG präsentiert die José-Saramago-Stiftung einen Nachbau des kargen Büros sowie Werke des portugiesischen Literaturnobelpreisträgers (tägl. außer So und Fei 10–18 Uhr, Einlass bis 30 Min. vor Schluss, josesaramago.org, 3 Euro).

MUSIK, ZUM HEULEN SCHÖN

EIN FADO-ABEND IN DER ALFAMA

ALFAMA-->

x M SANTA APOLÓNI

+ + + S T E C K B R I E F + + +
WO? RUA DOS REMÉDIOS, 139-A, U SANTA APOLÓNIA
+++ WANN? TÄGL. 20-2.30 UHR +++ WIE LANGE?
ETWA 4 STUNDEN +++ WIE VIEL? MENÜ INKL. GE-
TRÄNKE 45 EURO (BIS 12 J. 30 EURO) +++ WICH-
TIG! UM SICH EINEN PLATZ ZU SICHERN, SOLLTE
MAN FÜR DAS ABENDESSEN AB 20 UHR RESERVIEREN
(TEL. 917029436, FACEBOOK.COM/MESADEFRADES
LISBOA). MAN KANN AUCH ERST ZUM FADO-TEIL AB
23 UHR KOMMEN UND NUR ETWAS TRINKEN, HAT DANN
ABER KEINE PLATZGARANTIE! +++

ES IST SPÄT, als ich in der Rua dos Remédios an dem Haus mit der Nummer 139-A vorbeikomme. Die Uhr geht auf Mitternacht zu, ich bin müde, doch die Tür steht offen – und das Fado-Konzert, das hier gleich stattfindet, lockt. Das war zwar heute definitiv nicht mehr geplant, aber ich gebe mir einen Ruck und husche hinein. Normalerweise ist hier im Mesa de Frades eine Reservierung für ein Abendessen um 20 Uhr Pflicht. Doch manchmal erwischt man spätabends noch einen freien Platz an der Bar und kann auch spontan den jungen Fadistas lauschen. Der Wirt ist mit dem Abräumen der Teller beschäftigt und bedeutet mir mit einer Kopfbewegung, wohin ich mich setzen kann. Kaum halte ich ein Glas roten Hauswein in der Hand, wird die Tür geschlossen. Ein Raunen geht durchs Lokal, dann mahnt der Ruf »Silêncio, canta-se o Fado!« zur Ruhe. Es kann losgehen!

DIE BEIDEN GITARRISTEN haben schon Platz genommen. Noch aber ist es im Saal nicht still, Teller klappern, Stühle werden verschoben, manche Gäste reden weiter. Noch mal der Ruf »Silêncio, canta-se o Fado!« – »Ruhe, jetzt wird Fado gesungen!« Und das ist keine Bitte. Alle Tischgespräche sind während des Konzerts einzustellen. Denn wer spricht, beleidigt die Fadistas, die Sänger.

Das erste Stück beginnt, unverwechselbar der hohe Klang der zwölfsaitigen portugiesischen Gitarre und die typischen Tremolo-Passagen. Kurz darauf setzt die zweite, »normale« Gitarre ein und übernimmt den rhythmischen Teil. Die Sängerin wirft sich einen traditionellen schwarzen Schal über die Schultern, drückt die Wirbelsäule durch und beginnt zu singen.

Unaufhaltsam zieht mich die Musik in ihren Bann. Schwermütige Verse erfüllen den Raum: »Mas se a saudade nos mata/Eu quero ter muita vida/Para morrer de saudade.« – »Wenn die Sehnsucht uns tötet, dann möchte ich viel Leben in mir haben, um an der Sehnsucht zu sterben.« Mit diesen Zeilen verlieh der berühmte Komponist Alfredo Marceneiro der »Saudade« Ausdruck, diesem kaum übersetzbaren portugiesischen Lebensgefühl von Heimweh, Sehnsucht und Melancholie.

ICH STRÄUBE MICH EIN BISSCHEN, geniere mich. Doch dann ergreift die Schwermut auch mich, Tränen füllen meine Augen. Ein verstohlener Seitenblick zeigt mir, dass ich damit nicht allein im Saal bin, auch wenn die meisten ausländischen Gäste den Text vermutlich nicht verstanden haben.

Wörtlich übersetzt bedeutet »Fado« Schicksal. Und so handeln die meisten Lieder von unglücklicher Liebe, Verlust und Einsamkeit. Diese urbane Volksmusik Lissabons kam in der ersten Hälfte des 19. Jahrhunderts zunächst in Armenvierteln wie der Mouraria und der Alfama auf. Gesungen wurde anfangs in anrüchigen Kneipen, heute hört man den Fado vor allem in gehobeneren Lokalen.

Nach einem halben Dutzend Lieder folgt eine Pause. Anschließend übernimmt ein junger Sänger. »Mas não há nada mais triste/Que andar-se uma vida á espera/Do dia que nunca chega« – »Aber es gibt nichts Traurigeres, als ein Leben lang zu warten auf den Tag, der niemals kommt.« Ich lehne mich zurück und genieße den Moment. Und bin mir fast sicher: Ein paar Tränen werden an diesem Abend noch vergossen werden.

WENN MAN SCHON MAL **HIER IST:**

Nicht weit entfernt präsentiert das **Fado-Museum** □→ die Geschichte dieser Musikform (siehe S. 70). Wer im **Mesa de Frades** keinen Platz bekommt, kann im **Clube de Fado** gute Profikünstler hören (tägl. 20–2 Uhr, Rua S. João da Praça, 94, U Terreiro do Paço, Tel. 218852704, clube-de-fado.com). Oder er besucht eine der anderen Fado-Kneipen der Alfama, z. B. **Bela – Vinhos e Petiscos** (Rua dos Remédios, 190, facebook.com/bela.vinhosepetiscos).

HOCH ÜBER DEN DINGEN

AUF EINEN DRINK IN DIE ROOFTOP-BAR TOPO

MOURARIA-->
× M MARTIM MONIZ

+ + + S T E C K B R I E F + + +
WO? CENTRO COMERCIAL MARTIM MONIZ. TEL. 215881322. PISO 6. PRAÇA MARTIM MONIZ. U MARTIM MONIZ. FACEBOOK.COM/TOPOLISBOA +++ WANN? TÄGL. 12.30-1 UHR (DO/FR/SA BIS 2 UHR) +++ WIE LANGE? EINE HALBE STUNDE SOLLTE MAN MINDESTENS MITBRINGEN +++ WIE VIEL? GETRÄNKE GIBT ES AB 2,50 EURO +++

GÜNSTIG

MANCHMAL FÜHRT DER WEG ZUM SCHÖNEN über viel Hässliches. Wer das Einkaufszentrum Centro Comercial Martim Moniz betritt, dem fallen im Eingangsbereich erst einmal große, unansehnliche Pappkartons und ausrangierte Kaugummiautomaten ins Auge. Aus chinesischen Großhandelsgeschäften schleppen Männer schwarze Mülltüten voller Billigklamotten. Der Geruch nach Geschmacksverstärker erinnert an den Hongkonger Stadtteil Kowloon.

Mit einem klapprigen Aufzug im hinteren Eck der Lobby geht es in den 6. Stock. Dort wird man in eine andere Welt entlassen: auf die Terrassenbar Topo mit einem der besten Ausblicke Lissabons. Durch eine lange Wand aus quadratischen Fensterelementen schaut man auf den gegenüberliegenden Burgberg und die Festungsanlage des Castelo de São Jorge. Rhythm-and-Blues-Musik schallt aus den Boxen. Hinter dem Holztresen mixen Barkeeper Cocktails.

BLOODY MARY. COSMOPOLITAN. Margarita ...
Ich entscheide mich für einen Like a Virgin, ohne Alkohol, dafür mit Pfefferminze, Limetten- und Maracujasaft. Im Gegensatz zu den Abendzeiten, zu denen die Bar oft bis auf den letzten Platz besetzt ist, habe ich nachmittags freie Wahl, wo ich auf der schattigen Terrasse sitzen will. Ich nehme dicht an der Balustrade Platz, direkt unter mir die Praça Martim Moniz.

Hin und wieder quietscht dort eine der betagten Straßenbahnen mit ihren eleganten historischen Holzkarosserien vorbei, um kurz vor der Haltestelle zu bremsen. Der Fahrer kurbelt so lange an der Rolle, bis das neue Fahrziel erscheint. Dann setzt er die Tram wieder in Bewegung – und stoppt an der Starthaltestelle.

Von hier oben, hoch über den Dingen, kann ich in Ruhe zuschauen, wie die vielen Menschen, die geduldig in der langen Schlange warten, nacheinander die Tram 28 betreten. In Lissabon stellt man sich an den Bus- und Bahnhaltestellen in einer Reihe an, Drängeln ist verpönt.

FRÜHER BEFAND SICH IN DIESEM VIERTEL die Unterstadt der Mouraria mit ihren Gässchen. Um Platz für den Autoverkehr zu schaffen, ließ sie der Bauminister der Salazar-Diktatur in den 50er-Jahren planieren. Nur vor der Kapelle Nossa Senhora da Saúde machte die Zerstörungswut nach Protesten halt. Jahrzehntelang erinnerte eine öde Brache an diese fehlgeleitete Politik. Dann versuchte die Stadt, dem Martim Moniz ein ansehnlicheres Bild zu geben. Gekonnt ist freilich anders.

Doch muss ich meinen Blick nur ein Stück heben, um eines der schönsten Panoramen Lissabons zu genießen: rechts die Burg, in der Mitte der Graça-Hügel mit der markanten Klosterkirche, links der grüne Miradouro Nossa Senhora do Monte. Auch die Angolaner am Nebentisch schauen hinüber. An der Bar bedient eine Brasilianerin, im Erdgeschoss arbeiten Chinesen. Portugals koloniales Weltreich in Afrika, Südamerika und Asien mag lange zerronnen sein, hier am Martim Moniz ist sein Echo noch zu spüren.

WENN MAN SCHON MAL **HIER IST**:

Vom Martim Moniz kann man mit den historischen **Tramwagen der 28** ▢→ Lissabons berühmtester Straßenbahnlinie, durch die Gassen der Alfama bis zum **Westfriedhof Prazeres** fahren (abends enden die Bahnen teils schon an der **Basílica da Estrela**). Ebenfalls an der **Praça Martim Moniz** startet die **Tram 12** ihren deutlich kürzeren Rundkurs um den Burgberg. Fahrkarten kauft man am besten im Vorverkauf (siehe S. 11). Und: unbedingt vor Langfingern in Acht nehmen!

WENN MAN SCHON MAL IN DER ALFAMA, MOURARIA UND GRAÇA IST

+++ SEHEN +++
+++ ESSEN +++
+++ AUSGEHEN +++
+++ SHOPPEN +++
+++ SCHLAFEN +++

+++++++++++++ SEHEN +++++++++++++

MUSEU DE SANTO ANTÓNIO/ IGREJA DE SANTO ANTÓNIO

Eine hübsche kleine Rokokokirche, die man 1767 zu Ehren des heiligen Antonius, seines Zeichens inoffizieller Patron der portugiesischen Hauptstadt, erbaut hat. Er soll hier geboren worden sein, an der Stelle wurde eine Krypta errichtet. In einem kleinen Museum neben der Kirche sind Statuen, Gemälde und Messkelche ausgestellt, die den Franziskanermönch zeigen. Sein Namenstag am 13. Juni ist ein Höhepunkt der Lissabonner Stadtfeste, die vor allem am Vorabend mit einem feierlichen Umzug auf der Avenida da Liberdade und Volksfesten in der Altstadt begangen werden.

+++ LARGO DE SANTO ANTÓNIO DA SÉ, 22 +++ U TERREIRO DO PAÇO +++ MUSEUDELISBOA.PT/ +++ KIRCHE: TÄGL. 8-19 UHR (SA/SO BIS 20 UHR). MUSEUM: TÄGL. (AUSSER MO UND FEI) 10-18 UHR. LETZTER EINLASS 30 MIN. VOR SCHLUSS +++ KIRCHE: EINTRITT FREI. MUSEUM: EINTRITT 3 EURO. FAMILIEN UND AB 65 J. 50 % ERMÄSSIGUNG. STUDENTEN, BIS 12 J. UND SO BIS 14 UHR GENERELL FREI! +++

SÉ (KATHEDRALE)

Die Bischofskirche überragt mit ihren wuchtigen Türmen die Alfama. Hier sollte man unbedingt einen Stopp einlegen. Einigen Chronisten zufolge wurde der Grundstein 1147 auf den Überresten einer Moschee gelegt – ein Symbol für die Eroberung Lissabons durch die Christen. Durch zahlreiche Umbauten präsentiert sich die älteste Kirche Lissabons in einem Mix aus Romanik und Gotik. Im Kreuzgang sind archäologische Ausgrabungen zu sehen.

+++ LARGO DA SÉ +++ U TERREIRO DO PAÇO +++ TÄGL. 9-19 UHR (SO/MO NUR BIS 17 UHR). KREUZGANG: MO-SA 10-17 UHR (MAI-SEPT. DI-SA ERST 18.30 UHR GESCHL.) +++ EINTRITT ZUR KIRCHE FREI. KREUZGANG UND SCHATZKAMMER JE 2.50 EURO. KOMBITICKET 4 EURO. SCHÜLER, STUDENTEN UND AB 65 J. 50 % ERMÄSSIGUNG. KINDER UNTER 10 J. FREI +++

MIRADOURO DE SANTA LUZIA

Angesichts dieses traumhaften Blicks über das Dächermeer der Alfama und den Tejo versteht man, warum der portugiesische Begriff für Aussichtspunkt wörtlich »Blick aus Gold« (mira de ouro) bedeutet. Auf der Azulejo-Wand an der benachbarten Kirche ist das Stadtzentrum vor dem verheerenden Erdbeben von 1755 abgebildet.

+++ LARGO DE SANTA LUZIA +++ STRASSENBAHN 12 ODER 28 BIS HALTESTELLE MIRADOURO DE SANTA LUZIA +++

MUSEU DO FADO

Porträts und Schallplatten berühmter Sänger, Kleider nicht minder bekannter Sängerinnen und eine Gitarrensammlung illustrieren die Geschichte der Lissabonner Volksmusik. Abends werden teilweise Konzerte im Museumscafé gegeben.

+++ LARGO DO CHAFARIZ DE DENTRO, 1 +++ U SANTA APOLÓNIA +++ MUSEUDOFADO.PT +++ TÄGL. (AUSSER MO UND FEI) 10-18 UHR. EINLASS BIS 30 MIN. VOR SCHLUSS +++ EINTRITT 5 EURO. ERMÄSSIGUNGEN FÜR ALLE UNTER 30 J. UND AB 65 J. SOWIE FAMILIEN +++

←

IGREJA E MOSTEIRO DE SÃO VICENTE DE FORA

Diese Kirche entstand unter der spanischen Herrschaft im Jahr 1582. Das Tonnengewölbe wirkt leicht und luftig, und der manieristische Stil des Baus wurde prägend für viele andere portugiesische Gotteshäuser. Das sehenswerte Kloster ist mit prächtigen blau-weißen Azulejos geschmückt. Vom Dach öffnet sich ein schöner Ausblick.

+++ RUA DA VOZ DO OPERÁRIO/ARCO GRANDE DE CIMA +++ STRASSENBAHN 28 BIS HALTESTELLE VOZ OPERÁRIO +++ WWW.PATRIARCADO-LISBOA.PT +++ KLOSTER: DI-SO 10-18 UHR (LETZTER EINLASS 17 UHR). MO GESCHL.. EINTRITT 5 EURO. UNTER 21 J., STUDENTEN UND AB 65 J. 50 % ERMÄSSIGUNG. BIS 12 J. FREI. KIRCHE: DI-SA 9-17 UHR. EINTRITT FREI +++

ESSEN

FAZ FIGURA

Traditionsreiches Aussichtslokal: perfekt für einen romantischen Abend zu zweit. Lohnt nicht nur für den Panoramablick auf den Tejo, sondern auch für die ausgezeichnete portugiesische Küche mit Hauptgerichten ab etwa 20 Euro.

+++ RUA DO PARAÍSO, 15-B +++ U SANTA APOLÓNIA +++ 218868981 +++ FAZFIGURA.COM +++ TÄGL. 12.30–23.30 UHR (MO ERST AB 19.30 UHR) +++

SANTO ANTÓNIO DE ALFAMA

Laut Eigenwerbung gibt's hier »weder Fado noch Sardinen«. Die Küche überzeugt dagegen mit schmackhaften Nudelgerichten ab 14 Euro. Auch Terrasse.

+++ BECO DE SÃO MIGUEL, 7 +++ U TERREIRO DO PAÇO +++ 218881328 +++ SITEANTONIO.COM +++ TÄGL. 12.30–1 UHR (FR/SA BIS 1.30 UHR) +++

CASANOVA

Exzellente Pizzen aus dem Holzofen zu sehr vernünftigen Preisen (ab 7,50 Euro), und das auch noch direkt am Flussufer. Leider sind keine Reservierungen möglich, daher am besten früh kommen, da sehr beliebt.

+++ AV. INFANTE DOM HENRIQUE, CAIS DA PEDRA, LOJA 7 +++ U SANTA APOLÓNIA +++ 218877532 +++ PIZZERIA CASANOVA.PT +++ TÄGL. 12.30–1.30 UHR +++

28 CAFÉ

An einem kleinen Platz im Burgviertel Castelo hat der Besitzer das Interieur einer klassischen Straßenbahn Lissabons nachgebaut. Zu essen gibt es Toasts, Quiches, Salate, Hamburger und einfache Mittagsgerichte.

+++ RUA DE SANTA CRUZ DO CASTELO, 45 +++ STRASSENBAHN 12 ODER 28 BIS HALTESTELLE MIRADOURO SANTA LUZIA +++ 218860119 +++ FACEBOOK.COM/173095969514482 +++ TÄGL. 9.30–19.30 UHR +++

POIS CAFÉ

Café direkt unterhalb der Kathedrale mit gemütlicher Atmosphäre. Österreicherinnen gründeten es und brachten den Apfelstrudel nach Lissabon. Außerdem im Angebot: Tagesgerichte, Sandwiches und Salate. Beliebt ist der Brunch am Wochenende.

+++ RUA DE SÃO JOÃO DA PRAÇA, 93-95 +++ U TERREIRO DO PAÇO +++ 218862497 +++ POISCAFE.COM +++ TÄGL. 10-23 UHR (MO ERST AB 12 UHR) +++

☐↑CLARA CLARA

Hübsches Terrassencafé mit Aussicht im Santa-Clara-Park. Kinder können sich nebenan auf dem Spielplatz austoben. Nur Tische im Freien (im Winter gibt es wärmende Decken). Gute Auswahl an Sandwiches, Toasts und Croissants.

+++ CAMPO DE SANTA CLARA +++ U SANTA APOLÓNIA +++ 218850172 +++ FACEBOOK.COM/CLARACLARACAFE +++ TÄGL. 10-23 UHR (BEI SEHR SCHLECHTEM WETTER GESCHL.) +++

++++++++++++ AUSGEHEN ++++++++++

CRUZES CREDO

Bar-Restaurant direkt neben der Kathedrale: einfach sitzen, genießen und die vorbeiziehenden Touristenströme beobachten.

+++ RUA CRUZES DA SÉ, 29 +++ 218822296 +++ TÄGL. 12-24 UHR (IM SOMMER BIS 2 UHR) +++

PORTAS DO SOL

Besonders für laue Sommernächte empfiehlt sich diese größte Aussichtsplattform der Alfama. Trotz der privilegierten Lage zivile Preise. Teilweise turbulentes Ambiente.
+++ LARGO DAS PORTAS DO SOL +++ STRASSENBAHN 12 ODER 28 BIS HALTESTELLE MIRADOURO SANTA LUZIA +++ 218851299 +++ PORTASDOSOL.PT +++ TÄGL. 10-1 UHR (FR/SA BIS 2 UHR) +++

OITAVA COLINA

Kleine, aber feine Craftbeer-Bar mit Aussicht: ideal für ein gepflegtes Feierabendbier (ca. zehn selbst gebraute Sorten).
+++ RUA DAMASCENO MONTEIRO, 8-A +++ 968617085 +++ OITAVACOLINA.PT +++ TÄGL. 16-23 UHR (FR/SA BIS 1 UHR) +++

LUX FRÁGIL

Lissabons bekanntester Club. Bevor man zu Techno, House und Drum 'n' Bass tanzen kann, muss man aber erst einmal an den Türstehern vorbei (Eintritt meist 12 Euro).
+++ AV. INFANTE D. HENRIQUE, ARMAZÉM A, CAIS DA PEDRA A SANTA APOLÓNIA +++ U SANTA APOLÓNIA +++ 218820890 +++ LUXFRAGIL.COM +++ DO-SA 23-6 UHR +++

SHOPPEN

←☐FEIRA DA LADRA
Auf Lissabons weltberühmtem Flohmarkt wird von gebrauchtem Spielzeug über LPs bis hin zu hübschem Porzellangeschirr fast alles angeboten.
+++ CAMPO DE SANTA CLARA +++ U SANTA APOLÓNIA +++ JEDEN DI UND SA +++

CONSERVEIRA DE LISBOA
Ein seit 1930 bestehendes Traditionsgeschäft für Fischkonserven. Die Dosen bekommt man kunstvoll in Papier eingewickelt, sie eignen sich perfekt als Mitbringsel.
+++ RUA DOS BACALHOEIROS, 34 +++ U TERREIRO DO PAÇO +++ CONSERVEIRADELISBOA.PT +++ TÄGL. (AUSSER SO) 9–19 UHR +++

SCHLAFEN

←☐ MEMMO ALFAMA HOTEL

Die Weinbar dieses Vier-Sterne-Hotels bietet einen der besten Ausblicke Lissabons und ist auch für Nicht-Hotel-Gäste zugänglich. Allerdings sind Kinder unter 16 Jahren im Hotel nicht zugelassen – und man muss je nach Saison und Größe 158–353 Euro für das DZ einkalkulieren (Frühstück inkl.).

+++ TRAVESSA DAS MERCEEIRAS, 27 +++ HALTESTELLE LIMOEIRO DER TRAM 28 +++ 210495660 +++ MEMMOHOTELS.COM +++

CASA COSTA DO CASTELO

Privatzimmer für ca. 90 Euro die Nacht (inkl. Frühstück) mit familiärem Ambiente direkt unterhalb der Burgmauern am Hang. 4. und 5. Stock (kein Lift). Teilweise umwerfender Ausblick. Mindestaufenthalt 2 Nächte.

+++ COSTA DO CASTELO, 54 +++ U BAIXA/CHIADO +++ 218822678 +++ C-C-CASTELO.COM +++

PALÁCIO VILA FLOR

Preiswerte DZ für ca. 50 bis 95 Euro (inkl. Frühstück) in einer Reihe von Alfama-Häusern, die wie normale Wohnungen gestaltet sind. 20 Zimmer, aber nur zum Teil mit eigenen Bädern und Tejo-Blick. Gemeinschaftsterrasse.

+++ TRAVESSA SÃO JOÃO DA PRAÇA, 36, PORTA 1 +++ U TERREIRO DO PAÇO +++ 218870829 UND 912826710 +++ PALACIOVILAFLOR.COM +++

LISSABON-ALTSTADT.DE

Ferienwohnungen, vermittelt von der deutsch-portugiesischen Familie da Silva Zacharias. Platz ist für 2 bis 10 Personen. Pro Nacht je nach Saison und Größe zwischen 25 und 240 Euro für 2 Personen, dazu kommt die Endreinigung. 2 Nächte Mindestaufenthalt.

+++ 0049(30)4489451 +++ LISSABON-ALTSTADT.DE +++

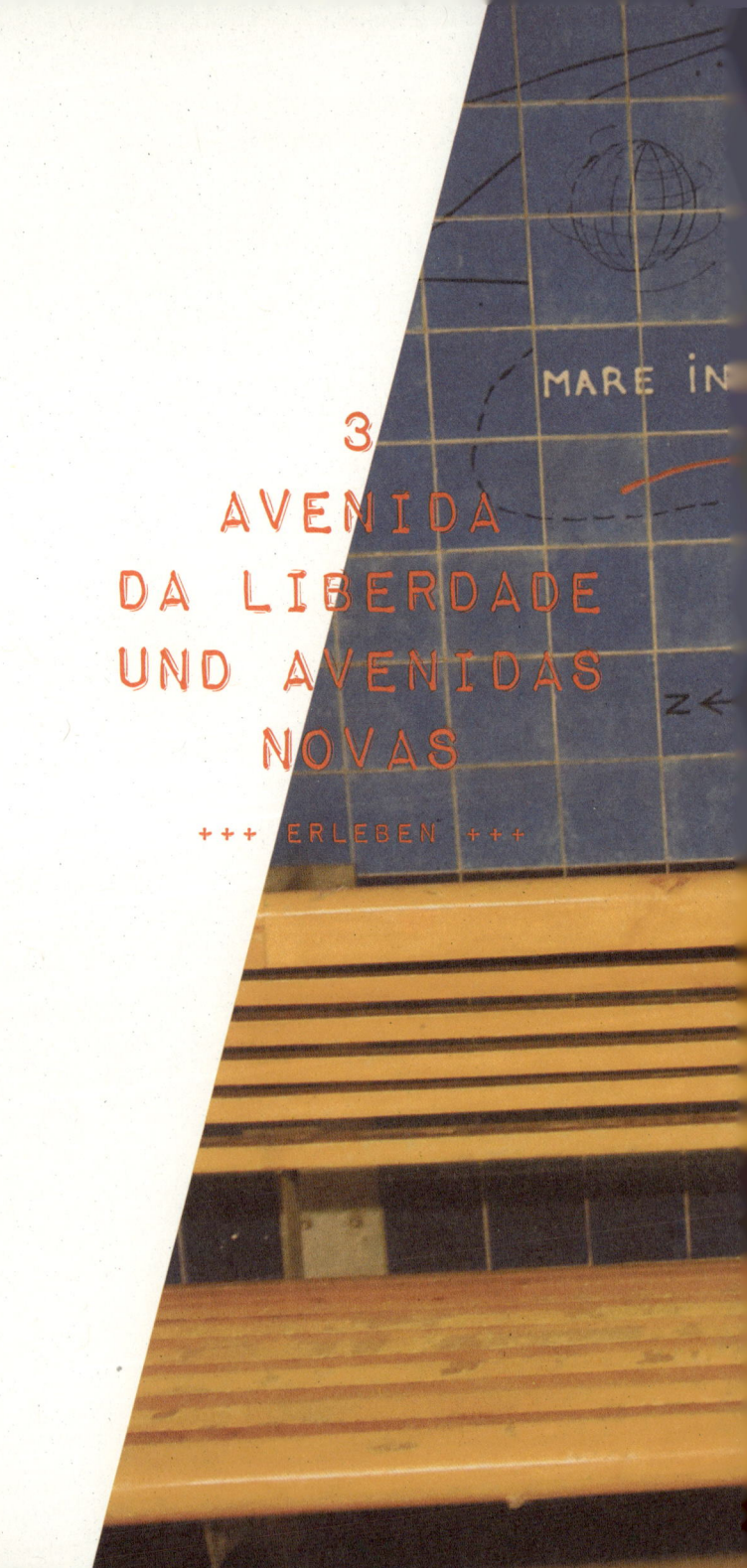

3
AVENIDA DA LIBERDADE UND AVENIDAS NOVAS

+++ ERLEBEN +++

TELHEIRAS M

IM 19. JAHRHUNDERT waren in Lissabon die historischen Viertel zu eng geworden, und so erweiterte Ingenieur Ressano Garcia die Stadt nach Pariser Vorbild um breite Alleen Richtung Norden. Die Avenida da Liberdade gilt seitdem als Lissabons prächtigster Boulevard und wird gerne mit den Champs-Élysées verglichen. An sie schließen sich die »Avenidas Novas«, die »Neuen Alleen«, an und bilden das moderne Zentrum Lissabons. Neben Bürobauten finden sich hier auch prächtige Paläste und interessante Museen.

MUSEU CALOUSTE GULBENKIAN
PRAÇA DE ESP.

AV. DOS COMB.
AV. CALOU. GULBEN.

PARQUE EDUARDO

LISSABON

<--AVENIDA DA LIBERDADE.
AVENIDAS NOVAS

KUNST IM UNTERGRUND ✗ 80

KUNST IM UNTERGRUND

UNTERWEGS MIT DEM METROPOLITANO DE LISBOA

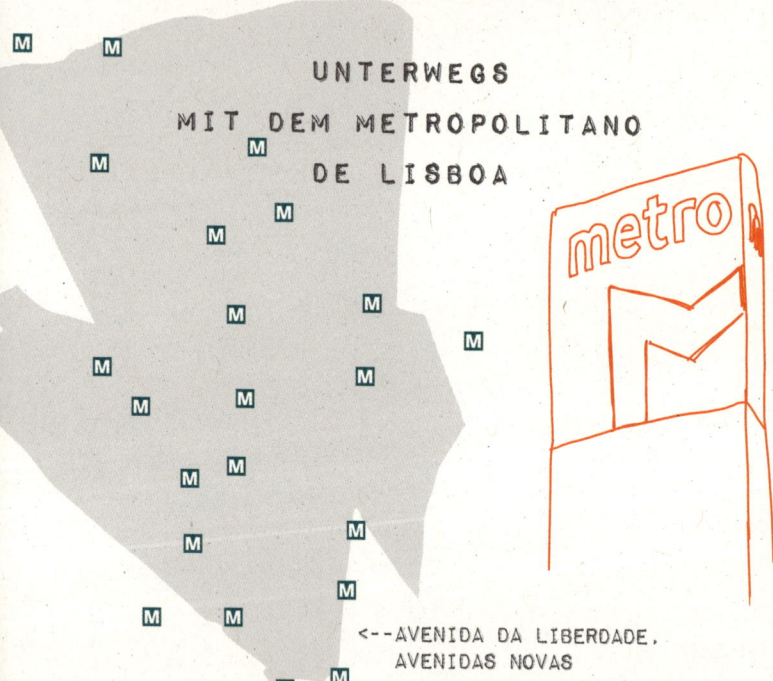

<--AVENIDA DA LIBERDADE, AVENIDAS NOVAS

+ + + S T E C K B R I E F + + +
WO? STATIONEN DER 4 U-BAHN-LINIEN FINDET MAN FAST IN DER GANZEN STADT (AUSSER IM WESTEN LISSABONS). METROLISBOA.PT +++ WANN? TÄGL. VON 6.30 BIS 1 UHR NACHTS +++ WIE LANGE? SO LANGE MAN WILL +++ WIE VIEL? EINZELTICKET 1.45 EURO (GILT EINE STUNDE LANG). 24-STUNDEN-KARTE 6.30 EURO +++ WICHTIG! ALLE FAHRKARTEN MÜSSEN AUF EINE CHIPKARTE PRO PERSON GELADEN WERDEN (VIVA VIAGEM. FÜR 0.50 EURO AM AUTOMATEN ODER SCHALTER). ACHTUNG. IN LISSABON FÄHRT DIE METRO LINKS! +++

GÜNSTIG

HEUTE MUSS ICH IN DEN UNTERGRUND.

Denn ich will einige der spannendsten Kunstwerke Lissabons sehen. Rolltreppen bringen mich hinunter zur Station Baixa-Chiado. Hier, am wichtigsten U-Bahnhof der Hauptstadt, wo sich die grüne und die blaue Linie kreuzen, starte ich. Die in elegantem Weiß gekachelten Tonnengewölbe lassen bereits erahnen, warum Lissabons Untergrundbahn als eine der schönsten der Welt gilt. Kein Geringerer als Álvaro Siza Vieira, Portugals meistprämierter Architekt der Neuzeit, hat diese Station gestaltet.

Mit der blauen Linie fahre ich erst einmal etwa zehn Minuten Richtung Reboleira in den Nordwesten. Dieser Abschnitt ist der älteste des U-Bahn-Netzes, eingeweiht größtenteils bereits 1959. Die Bahnhöfe wurden damals von der portugiesischen Künstlerin Maria Keil mit einfachen Azulejos verziert, die heute schon wieder fast klassisch wirken.

ZUM ERSTEN MAL VERLASSE ICH DIE METRO

in Laranjeiras. Hier empfangen mich riesige Orangen auf den Azulejos an den Wänden. Der Lissabonner Künstler Rolando Sá Nogueira (1921–2002) spielt damit auf den Namen der Station (»Orangengärten«) an. Was für eine Wirkung!

Die nächste Station Alto dos Moinhos hat Júlio Pomar (1926–2018), einer der bekanntesten Maler Portugals, den berühmten Dichtern seiner Heimat gewidmet. Geradezu genial finde ich seine schlichten, aber treffenden Graffiti zu Fernando Pessoa. Der 1888 in Lissabon geborene und 1935 dort verstorbene Poet hatte seine Werke unter verschiedenen Heteronymen veröffentlicht, also mehrere eigene Autorenpersönlichkeiten dafür erfunden. Auf einem der Bilder bringt Pomar das verblüffend gut zum Ausdruck: Hier kommen gleich drei Pessoas an einem Café-Tisch ins Gespräch.

Als ich mich sattgesehen habe, fährt auch schon der nächste Zug. An der folgenden Station Colégio Militar-Luz steige ich direkt wieder aus – und versuche das überdimensionale Buchstabenrätsel zu lösen, das der Künstler Manuel Cargaleiro an den gefliesten Wänden hinterlassen hat. An dieser Stelle sei verraten: Bis heute habe ich es nicht geschafft.

MEIN HEUTIGER UMKEHRPUNKT ist die 2004 eröffnete Station Alfornelos, wo mich eine nicht minder kreative Gestaltung erwartet: Hier hat Ana Vidigal Viúra vergrößerte Schnittmuster der Zeitschrift *Burda* auf die Wände gebannt, und bei genauem Hinschauen finde ich deutsche Begriffe wie »Stoffbruch« oder »Fadenlauf« auf den Azulejos. Immer wieder ist es für mich faszinierend, wie universell die Burda-Schnittmuster über Sprachgrenzen hinweg funktionieren!

Jetzt bin ich schon außerhalb der Stadtgrenze im Kreis Amadora. Mit der nächsten Bahn geht es Richtung Santa Apolónia, zurück zum Zentrum. Eine Zwischenstation lege ich aber noch ein: in der Station Parque. Die belgische Künstlerin Françoise Schein hat sie 1994 komplett neu gestaltet und an der Decke die Erklärung der Menschenrechte verewigt, Buchstabe für Buchstabe, einer auf jedem Azulejo. Illustriert ist das Thema mit Motiven zur Geschichte der Sklaverei, mit Zeichnungen von Schiffen und Landkarten. Damit beende ich vorerst meinen »Museumsbesuch« in der Lissabonner U-Bahn. Aber ich komme wieder, um neue Meisterwerke zu entdecken.

WENN MAN SCHON MAL HIER IST:

Auch die **rote Linie**, erbaut zur Weltausstellung 1998, verläuft entlang künstlerischer Höhepunkte: Am besten gefällt mir die Station **Olivais** □→ mit ihren futuristisch anmutenden Azulejos des Lissabonner Malers Nuno de Siqueira – und **Gare do Oriente** unter dem Hauptbahnhof: Die graffitiähnlichen, von Comics inspirierten Azulejo-Motive stammen von insgesamt 11 Künstlern, u. a. von Friedensreich Hundertwasser, dessen Bild den Untergang von Atlantis zeigt.

JAMSESSION IM ÄLTESTEN JAZZCLUB EUROPAS

DER HOT CLUBE DE PORTUGAL

AVENIDA DA LIBERDADE,
AVENIDAS NOVAS -->

AVENIDA M

+ + + **STECKBRIEF** + + +
WO? PRAÇA DA ALEGRIA, 48, U AVENIDA,
TEL. 213460305, HCP.PT +++ **WANN?** CA. 3 STUNDEN
+++ **WIE LANGE?** TÄGL. (AUSSER SO/MO) 22-2 UHR. KONZERTE IN DER REGEL MIT ZWEI SESSIONS UM 22.30 UHR
UND UM MITTERNACHT. +++ **WIE VIEL?** DI KOSTENLOS,
ANSONSTEN MEIST 7,50 EURO EINTRITT +++

GÜNSTIG

BEINAHE ÜBERSEHE ICH das unscheinbare Schild *HCP* an der Eingangstür zu diesem legendären Club der Lissabonner Musikszene. Durch einen kleinen Vorraum schlüpfe ich in den Konzertsaal. Ich bin spät dran, die Jamsession im Hot Clube de Portugal, seines Zeichens ältester Jazzclub Europas, hat schon begonnen. Der Raum ist gepackt voll, die Luft heiß und stickig. Wohin man auch schaut, sieht man schwarz-weiße Fotografien aus der langen Geschichte des 1948 gegründeten Clubs an den Wänden.

Heute findet eines der traditionellen Abschlusskonzerte der hauseigenen Jazzschule Luiz Villas-Boas zum Ende des Schuljahres statt. »Wir finden es wunderbar, dass die Schule so eng mit dem Jazzclub verbunden ist«, erklärt mir Inês Cunha hinterher, die Präsidentin des Trägervereins des Hot Clubes. »So bringen wir immer wieder neue Gesichter auf die Bühne.«

DIE MUSIKER AN TROMPETE, Saxofon und Schlagzeug fühlen sich im Licht der Scheinwerfer sichtlich wohl. Auch Schüler zweier Jazzclubs aus Estland und Dänemark, die mit dem Hot Clube de Portugal ein von der EU unterstütztes Austauschprogramm unterhalten, stehen mit auf der Bühne.

Als ich Inês Cunha erzähle, dass ich mir gut vorstellen könnte, meinen jazzbegeisterten Onkel hier auftreten zu sehen, nickt sie: »Sehr gerne kann er, wie jeder andere Gast, bei unseren Jamsessions am Dienstag mitspielen.« Sie hält einen Moment inne und fügt dann hinzu: »Allerdings sollte man schon in der Lage sein, zu zeigen, warum man im Rampenlicht stehen will.«

Vor 2012 befand sich der Hot Clube noch in einem Nachbargebäude, das durch einen Brand komplett zerstört wurde. Zwischen dicken Zigarettenrauchschwaden traten im Keller damals die Musiker auf, ich erinnere mich noch gut. Alles war unglaublich eng, für die Künstler gab es nicht mal eine Umkleide. Dennoch ein legendärer Ort, an dem sich während der Salazar-Diktatur auch Oppositionelle trafen. Der langjährige Gründer und Betreiber des Jazzclubs, Luiz Villas-Boas, war selbst engagierter Gewerkschafter und pflegte über die Musik viele Kontakte in freiere Länder.

GERAUCHT WIRD HEUTE schon lange nicht mehr, und der neue Konzertsaal bietet viel mehr Platz als der alte. Dennoch verlassen immer wieder Gäste den Raum, um im begrünten Hinterhof etwas frische Luft zu schnappen. Manche nehmen sich ein Bier von der Bar mit, hier draußen ist die drückende Sommerhitze deutlich erträglicher.

Auch vom Hinterhof aus höre ich die Musik noch gut. Saxofon, Schlagzeug und Flügel wechseln sich mit Soli ab. Hin und wieder ziehen sie das Tempo an, aber alles in allem ist es eine Wohlfühl-Session. Keiner muss sich hier beweisen; relaxed zusammenspielen und den Abend genießen ist das Motto.

Die Pausen nutze ich, um mir eine Fotoausstellung im Obergeschoss anzuschauen, und kehre zur Abschluss-session um Mitternacht wieder in den Konzertsaal zurück: Die Hitze hat nachgelassen, der Saal ist auch nicht mehr ganz so voll. An der Tür fällt mein Blick auf das prall gefüllte Konzertprogramm der nächsten Wochen. Aufs Neue fühle ich mich bestätigt: Der *HCP* ist definitiv der beste Ort Lissabons, um Jazz live zu erleben!

WENN MAN SCHON MAL HIER IST:

Wer vorher zu Abend essen und eine Weinprobe machen möchte, ist in der **Enoteca Chafariz do Vinho** □→ um die Ecke genau richtig (siehe S. 92). Von Mai bis September findet seit 2006 das Festival **Out Jazz** in Lissabon statt: In kostenlosen Open-Air-Konzerten treten bekannte Künstler sonntags in diversen Parks auf (outjazz.pt). Und während des Festivals **Jazz im Goethe Garten – JiGG** gibt's im Juli Livekonzerte europäischer Musiker im **Goethe Café** (siehe S. 101).

VENUSMUSCHELN AUF LISSABONNER ART

ZU GAST IN EINEM TYPISCH PORTUGIESISCHEN RESTAURANT

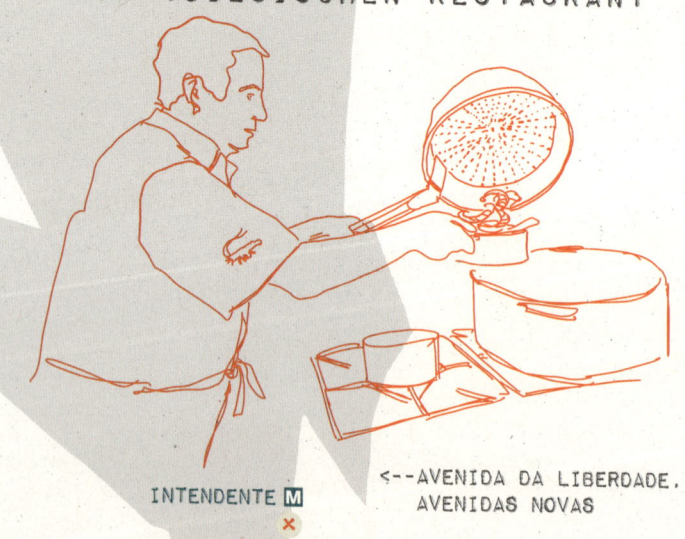

INTENDENTE Ⓜ
⊗

<--AVENIDA DA LIBERDADE.
AVENIDAS NOVAS

+++ **STECKBRIEF** +++
WO? CERVEJARIA RAMIRO. AV. ALMIRANTE REIS. 1-H. U INTENDENTE. TEL. 218851024. CERVEJARIARAMIRO.PT +++ WANN? TÄGL. (AUSSER MO) 12-0.30 UHR +++ WIE LANGE? MAN SOLLTE ZWEI STUNDEN ZEIT MITBRINGEN +++ WIE VIEL? 11 EURO FÜR DIE MUSCHELPORTION (ZUZÜGLICH GETRÄNKE UND VORSPEISEN) +++ WICHTIG! KEINE RESERVIERUNG MÖGLICH. TEILWEISE SEHR LANGE WARTEZEITEN +++

88 GÜNSTIG

DER ABEND BEGINNT mit einer Wartemarke und einer enormen Schlange: Die komplette Terrasse des Lissabonner Traditionsrestaurants Cervejaria Ramiro dient als »Wartezimmer« – und ist voll! Immerhin läuft auf einigen Bildschirmen die erste Halbzeit eines Fußballspiels, für die meisten Wartenden ein willkommener Zeitvertreib, andere starren auf ihre Smartphones oder zapfen sich ein Bier am extra dafür aufgestellten Automaten. Aus dem Inneren, so nah und doch so weit, strömt immer wieder der Duft von frischen Zitronen und Meeresfrüchten in meine Nase. Und immer wieder werden Nummern aufgerufen, meine ist noch lange nicht an der Reihe. Wer hier essen möchte, muss Geduld mitbringen, dieses Lokal ist bei Einheimischen wie Touristen wegen der konstant hohen Qualität gleichermaßen beliebt.

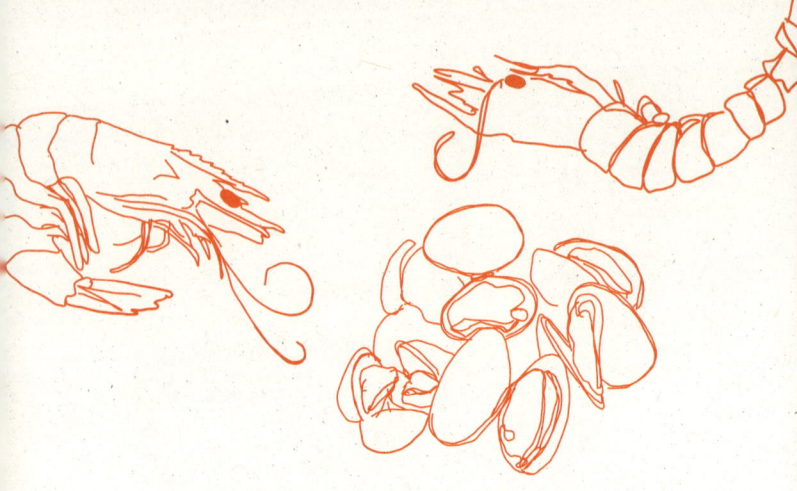

NACH DEM ENDE der zweiten Halbzeit habe ich es endlich geschafft: Ich werde in den ersten Stock geleitet und in einem der Nebenräume an den Tisch gebeten. Um mich herum unterhalten sich mehrere portugiesische Gruppen, die vor der samstagabendlichen Kneipentour zusammen essen gehen – in Lissabon ein weitverbreiteter Brauch unter Studenten, Freunden oder Arbeitskollegen. Während ich als Vorspeise einen leckeren iberischen Schinken verzehre, knacken die Gäste am Nebentisch mit Holzhammerschlägen gekonnt die Beine und Scheren von Taschenkrebsen.

Doch ich bin nicht für Schalen-, sondern für Weichtiere gekommen, genauer gesagt: für Venusmuscheln, die hier klassischerweise in einem Sud aus Zitronensaft, frischem Koriander, Knoblauch und Weißwein serviert werden. Das Gericht ist in ganz Portugal als *amêijoas à Bulhão Pato* bekannt. Seinen Namen hat es von dem Schriftsteller Raimundo António de Bulhão Pato, der 1828 in Bilbao als Sohn eines Portugiesen und einer Spanierin geboren wurde und 1912 in Monte da Caparica verstarb. Seine Gedichte, Theaterstücke und Novellen verschlingt heute kaum jemand mehr, dafür gehen täglich Tausende nach ihm benannte Muschelteller über die Tresen portugiesischer Restaurants in der ganzen Welt.

NACH EINER GUTEN VIERTELSTUNDE serviert der Kellner einen kupfernen Topf voller wunderbar duftender Muscheln. Alle sind offen, was für ihre Frische spricht. Da ich in einer *Cervejaria*, einem »Bierrestaurant«, bin, bestelle ich mir ein Radler. In diesen volkstümlichen Gasthäusern werden neben Bier vor allem Steaks und Meeresfrüchte serviert. Im Ramiro sucht man Fleisch (und vegetarische Gerichte) allerdings vergeblich, hier hat man sich voll und ganz auf Meeresfrüchte aus dem Atlantik spezialisiert. Die *mariscos* werden in der Regel nach Kilopreis berechnet, ausgenommen davon sind nur Muscheln wie meine *amêijoas à Bulhão Pato*. Kurioserweise hat der für seine Lebenslust bekannte Bulhão Pato das Rezept gar nicht erfunden, sondern nur mehrmals öffentlich die derart zubereiteten Venusmuscheln gepriesen. Dagegen gibt es keine belastbaren Hinweise auf den Namen des Kochs, der daraus als Erster dieses Gericht gezaubert hat. Im Ramiro jedenfalls mundet es köstlich!

WENN MAN SCHON MAL **HIER IST**:

Auf der anderen Straßenseite sollte man das **Haus mit der Nummer 6** ⬜→ beachten: Es ist mit herrlichen blau-weißen Fliesen verziert und ist historischer Hauptsitz der renommierten Azulejo-Firma Viúva Lamego. Die Rückseite des Gebäudes am **Largo do Intendente** ist sogar noch schöner. Wer die **Rua da Palma** Richtung Zentrum hinunterspaziert, erreicht bald die **Praça Martim Moniz**, an der sich die Aussichtsbar **Topo** für einen **Digestif** mit Burgblick anbietet.

DIE WEINPROBE IM BRUNNEN

ROT UND WEISS AUF PORTUGIESISCH

AVENIDA    <--AVENIDA DA LIBERDADE, AVENIDAS NOVAS

+ + + S T E C K B R I E F + + +
WO? CHAFARIZ DO VINHO - ENOTECA. CHAFARIZ DA MÃE D'ÁGUA. RUA DA MÃE D'ÁGUA À PRAÇA DA ALEGRIA. U AVENIDA. TEL. 213422079. CHAFARIZDOVINHO.COM +++ WANN? TÄGL. (AUSSER SO UND MO) 15-23 UHR +++ WIE LANGE? ETWA EINE STUNDE +++ WIE VIEL? FÜR VIER WEINE MUSS MAN CA. 30 EURO KALKULIEREN +++

SCHON VON AUSSEN fällt mir das Lokal durch seine besondere Architektur auf: Die Probierstube ist im Gewölbe eines ehemaligen öffentlichen Brunnens aus dem Jahr 1840 untergebracht. Im Inneren des »Weinbrunnens« sind die Tunnel der ehemaligen Wasserleitungen noch gut zu sehen, heute dienen sie als Flaschenkeller. Mehrere Etagen hat man hier eingezogen, ich bekomme ein Separee in der ersten zugewiesen. Aus den Lautsprechern tönt angenehme Fado-Musik. 55 weiße und 64 rote Weine zähle ich auf der Karte, alle gibt es im Glas (das Angebot wechselt dabei regelmäßig). »Alle unsere Weine stammen aus Portugal«, erklärt mir der Besitzer stolz. Das freut mich zu hören, denn ich bin ja auch nicht nach Lissabon gekommen, um Rioja, Bordeaux oder Mosel zu verkosten. Heute Abend möchte ich die exzellente Auswahl an portugiesischen Weinen aus verschiedenen Anbaugebieten kennenlernen – darunter die weltbekannten Regionen Dão, Douro und Vinho Verde.

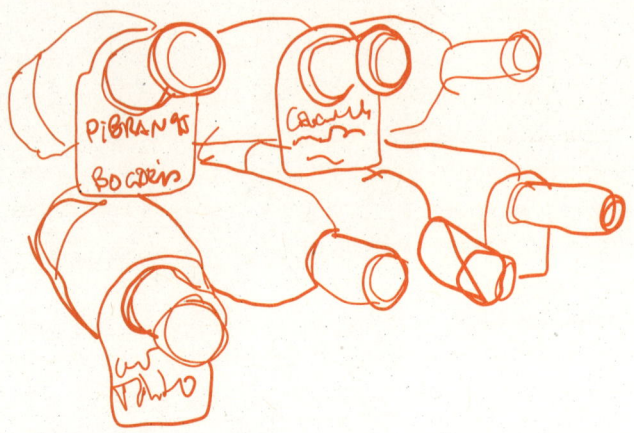

ICH BIN EXTRA FRÜH GEKOMMEN,

um noch einen Platz zu ergattern und mich in Ruhe beraten zu lassen. Ich wähle vier Weine aus: dreimal weiß, einmal rot. Dazu bestelle ich würzigen Kuhmilchkäse von der Azoren-Insel São Jorge sowie den aus Schafsmilch produzierten *Queijo da Serra* aus Mittelportugal. Die Käseplatte wird mit einer scharfen Tomatensauce und Brot serviert.

Kurz nach der Bestellung ist die Bedienung mit den vier Gläsern zurück und schlägt mir eine Probier-Reihenfolge vor. »Dieser Weiße verbindet den Granit-Terroir mit dem feinen Geschmack der Malvasia-Rebe«, präsentiert sie den ersten Tropfen, den *A Descoberta* der Casa da Pasarela aus der Gebirgsregion Serra da Estrela. Auch wenn der Wein »Die Entdeckung« heißt und sogar meine Lieblingsrebsorte Verdelho beigefügt ist, hinterlässt er bei mir keinen bleibenden Eindruck. Solider Durchschnitt, mehr nicht, finde ich.

Es folgt der *Morgado de Santa Catarina Reserva* der Quinta da Romeira aus Bucelas in der Weinregion Lissabon, der mir als »ein sehr eleganter Tropfen mit perfekt ausgewogener Säure« angepriesen wird. Das passt! Der rauchige Geschmack des Weißweins erinnert mich ein wenig an trockene weiße Ports.

MIT DEM DRITTEN WEIN *Bons Rapazes* erreiche ich das Douro-Tal, das älteste gesetzlich geschützte Weinanbaugebiet der Welt. Der Rotwein stammt aus einer Koproduktion des nordportugiesischen Guts Lavradores de Feitoria mit den Dois Rapazes, zwei südportugiesischen Önologen. »Ein fein strukturierter, angenehmer Wein mit Noten von reifen Früchten wie Schwarzkirsche oder Cassis.« Die Bedienung hat nicht zu viel versprochen. Ein fantastischer Tropfen – dieser Rote rockt wirklich! Passenderweise ziert ein Motorrad das Etikett.

Schließlich noch mal zurück in die Region Lissabon und zur *Colheita tardia* der Casa Santos Lima, ein spät gelesener Weißwein aus Gewürztraminer, Muskateller und Sémillon. Das Mischen von Rebsorten, die eher in anderen Teilen Europas angebaut werden, ist typisch für die neue Generation innovativer portugiesischer Winzer. Wunderbar weich legt er sich auf die Zunge, das süße Aroma erinnert mich an die Muskateller aus der Region Setúbal südlich von Lissabon. Ein perfekter »Nachtisch«, ich bin sehr zufrieden!

WENN MAN SCHON MAL **HIER IST**:

Wer die Wasserkanäle besichtigen möchte, die unter anderem auch zu dieser Wein-Probierstube führen, kann dies tagsüber im Rahmen einer Führung tun (siehe S. 124). Als Gruppe kann man diese vom **Lissabonner Wassermuseum** ↪ organisierten Touren sogar so buchen, dass sie mit einer Weinprobe in der **Enoteca** enden. Wer den Abend musikalisch ausklingen lassen mag, findet ein paar Minuten den Berg hinunter mit dem **Hot Clube de Portugal** den ältesten Jazzclub Europas (siehe S. 84).

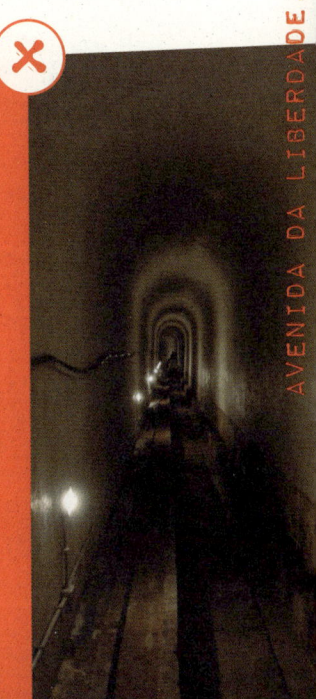

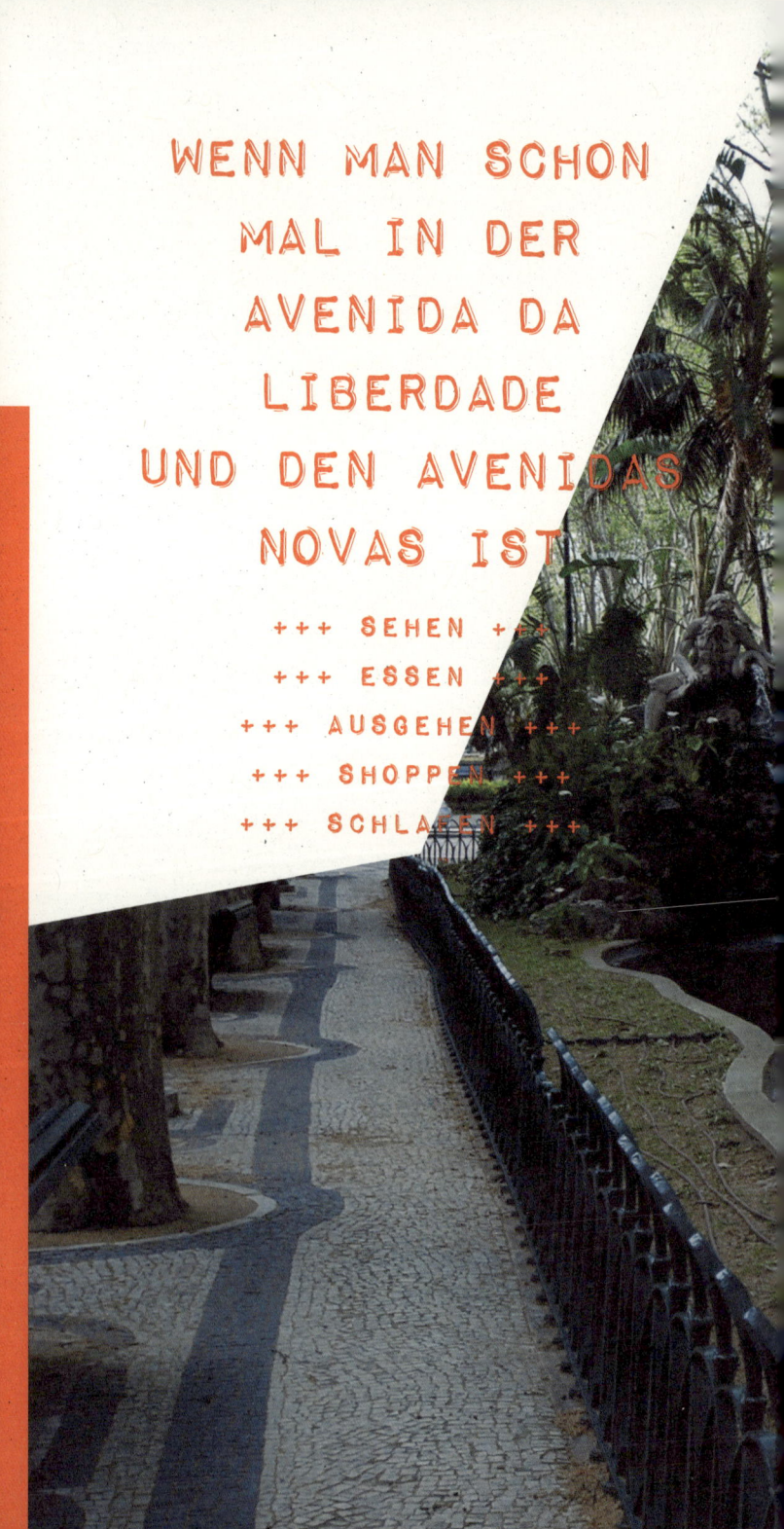

WENN MAN SCHON MAL IN DER AVENIDA DA LIBERDADE UND DEN AVENIDAS NOVAS IST

+++ SEHEN +++
+++ ESSEN +++
+++ AUSGEHEN +++
+++ SHOPPEN +++
+++ SCHLAFEN +++

SEHEN

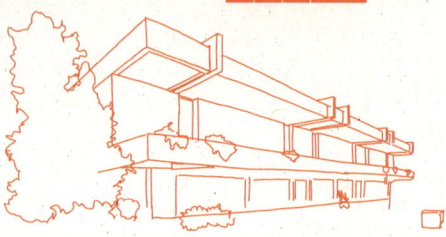

MUSEU CALOUSTE GULBENKIAN

Das Kunstmuseum gilt als eines der bedeutendsten in Portugal und gliedert sich in zwei getrennte Bereiche: Die *Coleção do Fundador* präsentiert die 6.000 Werke umfassende Sammlung des armenischen Ölmilliardärs Calouste Sarkis Gulbenkian. Der Schwerpunkt dieser Sammlung liegt auf dem Nahen, Mittleren und Fernen Osten. Die *Coleção Moderna* zeigt, wie der Name schon sagt, moderne Kunst und ist nicht vom persönlichen Geschmack des Milliardärs geprägt; sie entstand erst nach dessen Tod. Zwischen beiden Gebäuden liegt der schöne Park Jardim Gulbenkian, der ebenso wie die beiden Museumscafés zum Verweilen einlädt.

+++ GULBENKIAN.PT/MUSEU +++ COLEÇÃO DO FUNDADOR: AV. DE BERNA, 45A +++ U PRAÇA DE ESPANHA +++ 217823000 +++ COLEÇÃO MODERNA: RUA DR. NICOLAU BETTENCOURT +++ U SÃO SEBASTIÃO +++ 217823474 +++ BEIDE MUSEUMSTEILE: MI-MO 10-18 UHR, DI/FEI GESCHL. EINLASS BIS 30 MIN. VOR SCHLUSS +++ EINTRITT 10 EURO (INKLUSIVE SONDERAUSSTELLUNGEN 14 EURO). ERMÄSSIGUNGEN AB 65 J. UND UNTER 30 J., UNTER 12 J. KOSTENLOS BZW. UNTER 18 J. IN BEGLEITUNG EINES FAMILIENANGEHÖRIGEN. AUSSERDEM JEDEN SO AB 14 UHR GENERELL FREIER EINTRITT! +++

CAMPO PEQUENO

Die Stierkampfarena Lissabons mit ihrer verspielten pseudomaurischen Architektur stammt aus dem Jahr 1892. Im Erd- und Untergeschoss sind Restaurants, Geschäfte sowie ein Kino. Im Obergeschoss kann man sich in einem Museum über die Geschichte des portugiesischen Stierkampfs informieren und Führungen durch die Arena mitmachen.

+++ U CAMPO PEQUENO +++ 217998450 UND 217998456 +++ WWW.CAMPOPEQUENO.COM +++ MUSEUM: TÄGL., 10-13 UND 14-19 UHR (NOV.-MÄRZ NUR BIS 18 UHR) +++ EINTRITT FÜR MUSEUM UND FÜHRUNG 5 EURO. STUDENTEN UND RENTNER 4 EURO. NUR ARENA-FÜHRUNG 3 EURO. STUDENTEN UND RENTNER 2 EURO. UNTER 12 J. GENERELL FREI! +++

↑□ ASCENSOR DO LAVRA

Die älteste der drei historischen Standseilbahnen der Stadt. Seit 1884 gelangt man mit ihr bequem von der Avenida da Liberdade zum oberhalb gelegenen Santana-Hügel.

+++ LARGO DA ANUNCIADA BZW. RUA CÂMARA PESTANA +++ U RESTAURADORES +++ CARRIS.PT +++ TÄGL. ALLE 15 MIN VON 7.50-19.55 UHR (SA/SO UND FEI ERST AB 9 UHR) +++ BENUTZUNG MIT DEN NORMALEN VORVERKAUFSKARTEN MÖGLICH. EINZELKARTE: 3.80 EURO (GILT FÜR EINE BERG- UND EINE TALFAHRT) +++

PARQUE EDUARDO VII

Am nördlichen Ende der Avenida da Liberdade beginnt Lissabons »Central Park«. Den Ostteil des Parks dominiert der Pavilhão dos Desportos Carlos Lopes, ein neoklassizistischer Palast mit prächtigen Azulejo-Bildern. Im Westteil des Parks befindet sich die Estufa Fria, ein riesiges Gewächshaus mit tropischen Pflanzen.

+++ ALAMEDA CARDEAL CEREJEIRA +++ U PARQUE ODER MARQUÊS DE POMBAL +++ ESTUFAFRIA.CM-LISBOA.PT +++ ESTUFA FRIA TÄGL. 10-19 UHR (WÄHREND DER WINTERZEIT 9-17 UHR). EINLASS BIS 30 MIN. VOR SCHLUSS. NEUJAHR, 1. MAI UND 25. DEZ. GESCHL. +++ PARK KOSTENLOS. ESTUFA FRIA EINTRITT 3,10 EURO. BIS 18 J. UND RENTNER 2,33 EURO. STUDENTEN 1,55 EURO. BIS 5 J. FREI. SO U. FEI BIS 14 UHR GENERELL FREIER EINTRITT! +++

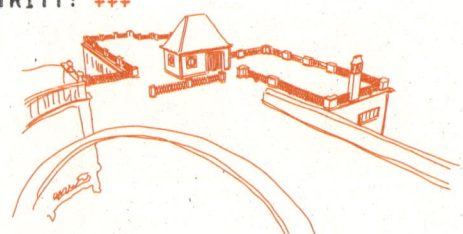

JARDIM DO TOREL

Diesen kleinen Park direkt neben der Bergstation des Ascensor do Lavra mit seiner einzigartigen Aussicht sollte man nicht verpassen.

+++ RUA CÂMARA PESTANA +++ U RESTAURADORES. DANN MIT ASCENSOR DO LAVRA +++ TÄGL. 7-20 UHR (APRIL-SEPT. BIS 22 UHR) +++ EINTRITT FREI +++

CARNALENTEJANA

Links vom Haupteingang der Stierkampfarena Campo Pequeno. Hier serviert eine Rinderzüchterkooperative schmackhafte Steaks von Tieren der Alentejana-Rasse, die in extensiver Wirtschaft gehalten werden. Ab 10,70 Euro.

+++ PRAÇA DE TOUROS CAMPO PEQUENO, LOJA 601 +++ U CAMPO PEQUENO +++ 218237126, FACEBOOK.COM/RESTAURANTECARNALENTEJANA +++ TÄGL. 12-15 UND MO-SA 20-23 UHR +++

OS TIBETANOS

Empfehlenswertes vegetarisches Restaurant in einem tibetisch-buddhistischen Meditationszentrum mit begrüntem Hof. Ab 10,40 Euro für das Hauptgericht.

+++ RUA DO SALITRE, 117 +++ U AVENIDA +++ 213142038 +++ TIBETANOS.COM +++ MO-FR 12.15-14.45 UND 19.30-22.30 UHR, SA 12.45-15 UND 20-23 UHR, SO 12.45-15 UND 19.30-22.30 UHR +++

PASTELARIA VERSAILLES

1922 eröffnet und eines der schönsten Cafés Lissabons mit Säulen, Stuckdecke und Spiegeln.

+++ AV. DA REPÚBLICA, 15-A +++ U SALDANHA +++ 213546340 +++ TÄGL. 7.30-24 UHR +++

GOETHE CAFÉ

Die Cafeteria im Goethe-Institut Lissabons serviert mittags günstige Tagesgerichte ab 6 Euro (kein Abendessen!), auch vegetarisch. Im Sommer ist hinter dem Gebäude ein angenehm schattiger Biergarten geöffnet.

+++ CAMPO DOS MÁRTIRES DA PÁTRIA, 37 +++ METRO RESTAURADORES, DANN MIT DEM ASCENSOR DO LAVRA +++ 218824528 +++ MO-DO 8.30-20 UHR, FR 8.30-18.30 UHR, SA 9-16.30 UHR +++

AUSGEHEN

CASA INDEPENDENTE
Café-Bar und Kulturzentrum mit Konzerten, DJ-Sets und Lesungen.
+++ LARGO DO INTENDENTE, 45 (1. STOCK) +++ U INTENDENTE +++ 218872842 +++ CASAINDEPENDENTE.COM +++ DI-FR 17-24 UND SA 17-2 UHR +++

CINEMA SÃO JORGE
Ehemaliges Premierenkino Lissabons, in dem regelmäßig Filmfestivals stattfinden. Im OG werden in der Kinobar schmackhafte Pizzen serviert.
+++ AV. DA LIBERDADE, 175 +++ U AVENIDA +++ 213103400 +++ CINEMASAOJORGE.PT +++ MO-SA 10-24 UHR, SO MEIST GESCHL. +++

SHOPPEN

EL CORTE INGLÉS
Lissabonner Filiale der spanischen Kaufhauskette. Supermarkt, Mode sowie Kinos. Im 7. Stock kann man sich in einer »Fressmeile« verpflegen.
+++ AV. ANTÓNIO AUGUSTO DE AGUIAR, 31 +++ U SÃO SEBASTIÃO +++ ELCORTEINGLES.PT +++ TÄGL. 10-22 UHR (FR/SA BIS 23.30 UHR, SO NUR BIS 20 UHR), RESTAURANTS BIS 24 UHR (FR/SA BIS 1 UHR) +++

MERCADO DE ARROIOS

Städtische Markthalle in einem interessanten Rundbau. Außen Restaurants, darunter das empfehlenswerte Mezze mit syrischer Küche.

+++ RUA ÂNGELA PINTO +++ U ALAMEDA +++ FACEBOOK.COM/MERCADODEARROIOS +++ MO-SA 7-14 UHR +++

SCHLAFEN

☐↑ TOREL PALACE

Zwei nebeneinander gelegene Paläste auf dem Santana-Hügel in unmittelbarer Nähe der Bergstation der Lavra-Standseilbahn. Umwerfender Ausblick. Insgesamt 27 Zimmer mit Kronleuchtern, Stuckdecken und Dielenböden. DZ je nach Saison und Größe 130–288 Euro, Frühstück 10 Euro/Pers.

+++ RUA CÂMARA PESTANA, 23 +++ 218290810 +++ TORELPALACE.COM +++

VILA NOVA GUESTHOUSE

Pension im 3. OG eines Jugendstilhauses (Aufzug). Moderne, funktionale Einrichtung. Besser ein Zimmer nach vorne nehmen, da im Innenhof Klimaanlagen lärmen. Standard-DZ je nach Saison 49–120 Euro (kein Frühstück). Auch der Ableger Vila Garden Guesthouse hat ein gutes Preis-Leistungs-Verhältnis.

+++ AV. DUQUE DE LOULÉ, 111-1º +++ U MARQUÊS DE POMBAL +++ 213196290 +++ VILAGUESTHOUSES.COM +++

4
BAIRRO ALTO UND WESTLICHE ALTSTADTVIERTEL

+++ ERLEBEN +++

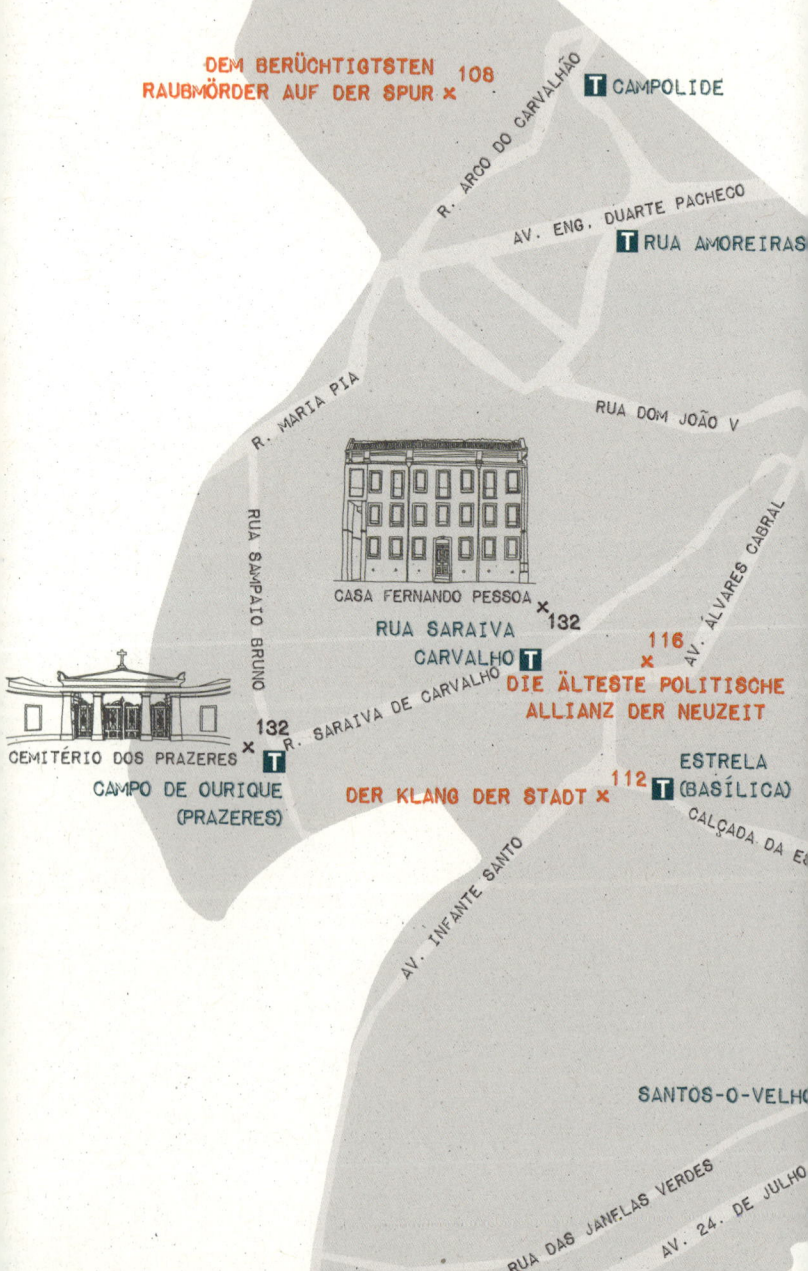

IM BAIRRO ALTO pulsiert das Lissabonner Nachtleben. Neben den Bars und zahlreichen empfehlenswerten Restaurants locken in der Lissabonner Oberstadt mehrere Aussichtspunkte und der Botanische Garten. Die Altstadtviertel westlich des Bairro Alto werden zu Unrecht oft übersehen. Dabei gibt es auch hier herausragende Sehenswürdigkeiten wie das Aquädukt in Campolide oder den romantischen Westfriedhof in Campo de Ourique zu entdecken.

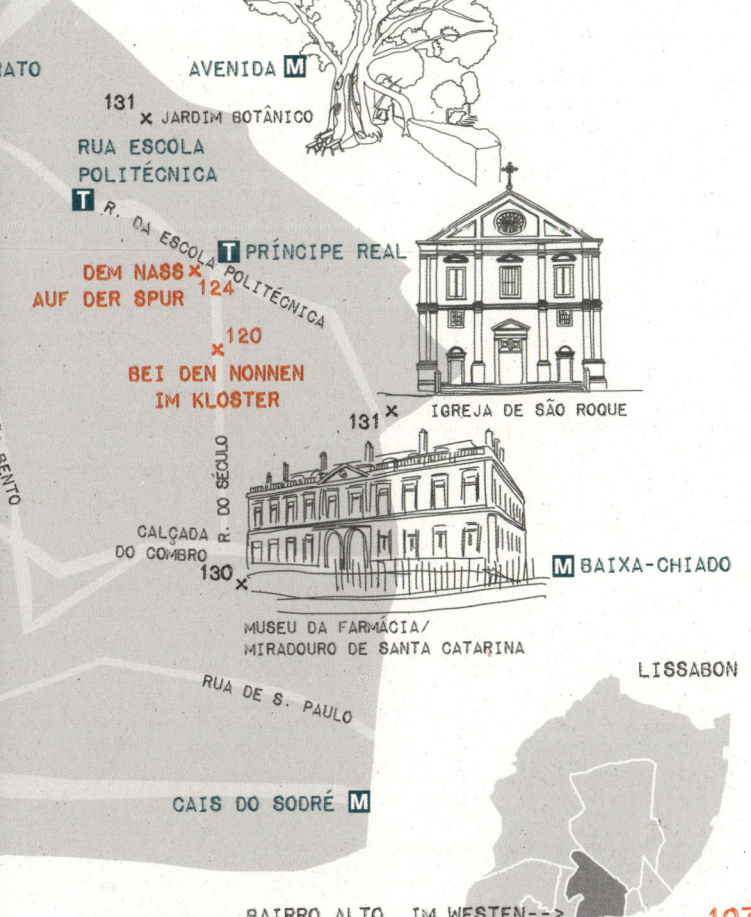

BAIRRO ALTO. IM WESTEN-->

107

DEM BERÜCHTIGTSTEN RAUBMÖRDER AUF DER SPUR

EINE ERKUNDUNGSTOUR ÜBER DAS LISSABONNER AQUÄDUKT

BAIRRO ALTO, WESTLICHE ALTSTADTVIERTEL-->

CAMPOLIDE

+ + + S T E C K B R I E F + + +
WO? CALÇADA DA QUINTINHA, 6. TRAM 24 BIS ENDSTATION CAMPOLIDE. TEL. 218100215, WWW.EPAL.PT (MUSEU DA ÁGUA) +++ WANN? DI-SO 10-17.30 UHR, FEI GESCHLOSSEN +++ WIE LANGE? EINE STUNDE +++ WIE VIEL? 3 EURO (AB 65 J., STUDENTEN, FAMILIEN 50 % ERMÄSSIGUNG, BIS 12 J. FREI) +++

GÜNSTIG, FAMILIENFREUNDLICH

DAS LISSABONNER »Aquädukt der Freien Wasser« (Aqueduto das Águas Livres) hält einen harmlosen und einen haarsträubenden Rekord: Mit 65 Metern hat es den höchsten aus Stein gemauerten Spitzbogen der Welt. Und: Es war Tatort des schlimmsten portugiesischen Serienmörders.

1836 begann der damals 26-jährige Diogo Alves hier zu später Stunde Bauern zu überfallen, die das Aquädukt auf dem Rückweg von der Stadt als Abkürzung über das Tal von Alcântara nutzten. Er nahm ihnen Geld und Wertgegenstände ab und stieß seine Opfer über die Brüstung ins Tal hinunter. Es ist nicht ganz klar, wie viele Menschen er auf diese Weise tötete, die Zahl wird auf bis zu 70 geschätzt. Die Polizei gab sich jedoch zunächst nur wenig Mühe, den Täter zu finden, da die Opfer vor allem Arme waren. Sie ging offiziell lange Zeit sogar von Selbstmorden aus.

ERST ALS ALVES SICH 1840 auf lukrativere Hauseinbrüche verlegte und die Familie eines bekannten Arztes ausraubte, folterte und tötete, wurde die Justiz aktiv. Nach kurzer Zeit fasste man den Mörder, verurteilte ihn (ausschließlich) wegen der vier Opfer des Einbruchs und hängte ihn 1841.

Ein Teil von Diogo Alves ist übrigens der Nachwelt erhalten geblieben. Nachdem er durch den Strang hingerichtet worden war, beantragte José Lourenço da Luz Gomes, seinen Kopf zu Forschungszwecken studieren zu dürfen. Der portugiesische Arzt hing der damals weitverbreiteten Theorie an, dass man kriminelle Neigungen an der Schädelform nachweisen könne. In dieser Sache kam er nicht allzu weit, aber der in Formaldehyd eingelegte Kopf von Diogo Alves ist bis heute Teil der anatomischen Sammlung der medizinischen Fakultät der Uni Lissabon.

Als ich über das Aquädukt spaziere, vermag ich den Horror von damals nur noch zu erahnen, denn an die Opfer von Alves erinnert kein Denkmal. Der Blick in die Tiefe lässt mich allerdings erschauern. Ein unheimlicher Gedanke, dort hinuntergestoßen zu werden. Seit Mitte des 19. Jahrhunderts kann man das Tal aber nicht mehr via Aquädukt überqueren, und seitdem gab es auch keine Morde mehr.

DER WESTLICHE AUSGANG auf der Seite des Monsanto-Parks wird nur noch zu besonderen Anlässen geöffnet. Zutritt erlangt man lediglich von der östlichen Seite an der Calçada da Quintinha – tagsüber. Dennoch lohnt sich der Besuch: Vom 941 Meter langen Hauptteil genießt man eine beeindruckende Aussicht auf Lissabon!

Zwischen 1731 und 1748 wurde das elegante Bauwerk mit seinen 35 imposanten Bögen errichtet, um den chronischen Wassermangel in der wachsenden Stadt in den Griff zu kriegen. Insgesamt erstreckt sich das Aquädukt auf 19 Kilometern Länge vom Vorort Queluz bis Lissabon, mit allen Verzweigungen misst es mehr als 58 Kilometer. Wie durch ein Wunder überstand es das Erdbeben von 1755 ohne Schäden, seit 1974 dienen die Wasserleitungen jedoch nicht mehr der Trinkwasserversorgung. Am Ende des Spaziergangs fühle ich mich erholt: Für eine Stunde habe ich die Hektik und die düsteren Gedanken, die ich mit diesem Bauwerk verknüpfe, hinter mir gelassen.

WENN MAN SCHON MAL **HIER IST**:

Wie das Wasser des Aqueduto das Águas Livres in Lissabon verteilt wurde, erfährt man in der **Galeria do Loreto** oder im **Reservoir Mãe d'Água** (siehe S. 126). Nicht weit vom Aquädukt entfernt lässt sich von der Aussichtsterrasse auf einem Turm des **Amoreiras-Einkaufszentrums** ⬜→ die Stadt und das Tejo-Binnenmeer in ihrer ganzen Größe überblicken (siehe S. 136). Nebenan schweben die Flugzeuge ein, man kann sie sogar auf der Piste des Flughafens landen sehen.

DER KLANG DER STADT

AUF DEM DACH DER BASÍLICA DA ESTRELA

<--BAIRRO ALTO, WESTLICHE ALTSTADTVIERTEL

x T ESTRELA

+++ **STECKBRIEF** +++
WO? LARGO DA ESTRELA. TRAM 25 (NUR MO-FR) UND 28 BIS HALTESTELLE ESTRELA. TEL. 213960915. FACEBOOK.COM/601727149869939 +++ **WANN UND WIE VIEL?** BASILIKA TÄGL. 9-13 UND 15-19 UHR. EINTRITT FREI. DACHTERRASSE TÄGL. 10-18 UHR (IM SOMMER BIS 18.40 UHR). EINTRITT 4 EURO. BIS 12 J. FREI! ZUGANG ZUR DACHTERRASSE ÜBER DEN GANG ZUR REZEPTION DIREKT RECHTS NEBEN DEM HAUPTEINGANG DER BASILIKA +++ **WIE LANGE?** ETWA EINE STUNDE +++ **WICHTIG!** FÜR KLEINE KINDER NICHT ZU EMPFEHLEN, DA DAS DACH NICHT GUT GESICHERT IST UND ELEKTRISCHE DRÄHTE GEGEN TAUBEN FREILIEGEND VERLEGT SIND. BEI SCHLECHTEM WETTER WIRD DAS DACH GESPERRT! +++

DIE BASÍLICA DA ESTRELA, die »Sternenbasilika«, zieht schon von Weitem die Blicke an: Vor allem die Kuppel fällt mir immer wieder ins Auge, nachts wird sie hell angestrahlt, tags glänzt sie blendend weiß im Sonnenlicht.

Architekt Mateus Vicente de Oliveira errichtete die Basilika zwischen 1776 und 1790 auf Veranlassung von Königin Dona Maria I. Der Grund: Sie hatte ein Gelübde abgelegt, in dem sie sich zum Bau verpflichtete, sollte sie einen Sohn gebären. Mit der Geburt von Prinz José klappte das auch, allerdings starb der Thronfolger im Alter von 27 Jahren an einer Pockenerkrankung und damit noch vor der Eröffnung der Basilika im Jahr 1788. Königin Maria verfiel nach dem Tod ihres Sohns José endgültig der Schwermut und musste die Regierungsgeschäfte abgeben, nicht umsonst wird sie auch »Die Verrückte« genannt. Sie ist in der Basilika bestattet.

IHR GRAB lasse ich diesmal jedoch links liegen, denn ich möchte hinauf auf das Dach der Basilika. Sie ist eines der wenigen Gotteshäuser Lissabons, bei dem ganz besondere Ein- und Ausblicke von oben möglich sind. Heute will ich mir Inspiration in höheren Gefilden holen. Über eine enge Wendeltreppe und insgesamt 114 Stufen geht es hinauf. Der begehbare Teil der Dachterrasse ist überraschend weitläufig und hat die Ausmaße eines großen Kirchenschiffes, von unten hätte ich das nicht vermutet. Noch ein paar weitere Stufen, und schon stehe ich im nördlichen der beiden Türme. Andächtig bleibe ich ein paar Minuten in der Nähe der Glocken, um das Läuten zur vollen Stunde mitzuerleben. Laut, aber nicht ohrenbetäubend erklingen sie. Ihr melodiöses Schlagen erinnert mich an deutsche Kirchen, in Portugal wird meist am Glockenspiel gespart.

Ich schließe für einen Moment die Augen. Hier oben ist Lissabons charakteristische Klangkulisse deutlich zu vernehmen: Möwen fliegen kreischend durch die Lüfte, dazwischen immer wieder die Sirenen von Rettungswagen, und regelmäßig rumpelt eine der historischen Straßenbahnen vorbei.

ICH LASSE MIR NOCH ETWAS ZEIT,
um von der schönen steinernen Balustrade aus das bunte Lissabonner Leben auf mich wirken zu lassen. Es ist Wochenende, und so pilgern zahlreiche gut gelaunte Menschen in den Park gegenüber der Kirche. Von der Westseite der Dachterrasse schaue ich dagegen direkt auf die beiden Kreuzgänge des ehemaligen Klostertrakts. Dort wandeln längst keine Nonnen mehr, hier sind staatliche Behörden eingezogen.

Bevor es wieder nach unten geht, lasse ich mir aber den Abstecher in die große Kuppel über der Kreuzung der beiden Kirchenschiffe nicht entgehen. Weit nach unten reicht mein Blick, gleitet über rosa Marmor und aufwendig verzierte Seitenaltäre. Kurz wird mir leicht schwindlig, ich trete einen Schritt zurück und suche etwas Halt. Doch dann schaue ich wieder nach unten, unbeobachtet von den dort Betenden. Ein erhabenes Gefühl, so über den Dingen zu stehen: Die Sternenbasilika eröffnet wahrhaft himmlische Perspektiven!

WENN MAN SCHON MAL HIER IST:
Wer möchte, kann in der Basilika hinter dem Grab von Königin Dona Maria I. die ganzjährig aufgestellte, imposante barocke Krippe von Machado de Castro besichtigen (tägl. 10–11 und 15–17 Uhr, Eintritt 2 Euro). Gegenüber der **Basílica da Estrela** lädt der schöne Park **Jardim da Estrela** ▢→ mit Palmenallee, Schwanenteichen und der **kleinsten Bibliothek Lissabons** zum Verweilen ein. Wer den Park quert, erreicht drüben den **Britischen Friedhof Lissabons** (siehe S. 116).

DIE ÄLTESTE POLITISCHE ALLIANZ DER NEUZEIT

EIN GOTTESDIENST IN DER ANGLIKANISCHEN KIRCHE

M RATO

×
T ESTRELA

<--BAIRRO ALTO, WESTLICHE ALTSTADTVIERTEL

+ + + **STECKBRIEF** + + + **WO?** RUA DE SÃO JORGE, 6. STRASSENBAHN 25 (NUR MO-FR) UND 28 BIS HALTESTELLE ESTRELA ODER U RATO. LISBONANGLICANS.ORG +++ **WANN?** SO 11.30 UND DO 12.30 UHR +++ **WIE LANGE?** ETWA 1,5 STUNDEN +++ **WIE VIEL?** KOSTENLOS +++ **WICHTIG!** WENN DAS EINGANGSTOR VERSCHLOSSEN IST, KLINGELN, UM EINLASS ZU BEKOMMEN. ZUM ANGLIKANISCHEN GOTTESDIENST SIND CHRISTEN ALLER NATIONEN UND KONFESSIONEN HERZLICH EINGELADEN! +++

WIE ZUM ZEICHEN, dass ich nun das »normale« Portugal verlasse, weht eine englische Fahne über dem Eingangstor. Kurz darauf stehe ich inmitten von Palmen, Linden und Zypressen auf dem Cemitério dos Ingleses. Seit über 300 Jahren beerdigt hier die britische Gemeinde Lissabons ihre Toten. Nach kurzer Suche entdecke ich das bekannteste Grab des British Cemetery: das von Henry Fielding, »Vater des britischen Romans« und 1754 in Lissabon gestorben (mit Pfeil ausgeschildert). Zu jener Zeit war die portugiesische Hauptstadt wegen ihres milden Klimas bei Engländern als Zufluchtsort sehr beliebt. Man musste keine kriegerischen Auseinandersetzungen fürchten, denn Portugal und England verbindet die älteste politische Allianz der Neuzeit. Sie nahm ihren Anfang im Jahr 1371 mit einem Abkommen, in dem sich die beiden Länder ewige Freundschaft und Beistand schworen.

1 7 0 3 dehnte der Methuen-Vertrag dieses Bündnis auf die Wirtschaft aus. Man gewährte sich gegenseitig Zollerleichterungen: für portugiesischen Wein und englische Textilien. Mit der Analyse dieses spezialisierten Warenaustauschs untermauerte der britische Ökonom David Ricardo über hundert Jahre später seine bahnbrechende Theorie zu den Vorteilen des Freihandels. Auch wenn diese Allianz mit dem Brexit in der jüngsten Zeit einen Rückschlag erlitten hat, so fühlen sich Briten und Portugiesen doch weiterhin besonders verbunden.

Das spirituelle Zentrum der Briten anglikanischer Konfession in Lissabon ist die St. George's Church aus dem Jahr 1889. Mit ihren Rundbögen und dem großen englischen Kreuz kann man sie im hinteren Teil des Friedhofs gar nicht übersehen.

Das düstere Gotteshaus erinnert mich unmittelbar an Kirchen in England. Dunkle Balken tragen die Decke, die Fresken zeigen Szenen aus dem Neuen Testament. Heute bin ich der erste Besucher, bis zum 11.30-Uhr-Gottesdienst ist es noch eine halbe Stunde. So kann ich dem Organisten lauschen, der die Stücke für die sonntägliche Messe der »Greater Lisbon Chaplaincy« der »Church of England« übt.

WEITERE KIRCHGÄNGER TREFFEN EIN,
feierlich in dunkle Anzüge gekleidet. Ich mache mir Sorgen, etwas »underdressed« zu sein, doch die zerstreuen sich, als die ersten Besucher in bunten T-Shirts und offenen Sandalen auftauchen. Jeder Gast wird persönlich begrüßt, doch in der geräumigen Kirche wirken die 20 Gläubigen etwas verloren. Ich zähle die Bänke und schätze, dass gut 400 Menschen Platz hätten.

Mit fünf Minuten Verspätung – also eher nach portugiesischem als britischem Zeitverständnis – füllt die Orgel mit den Klängen des ersten Liedes das Kirchenschiff: *The Truth from Above*. Der junge Reverend Dr. Frank Sawyer predigt von der Kanzel, natürlich auf Englisch. Den aufmerksamen Gesichtern nach zu urteilen erreicht er seine Gemeinde. Große Bewegung herrscht bei der Kommunion, die hier alle getauften Christen ungeachtet ihrer Konfession empfangen dürfen.

Nach der Messe sind wir noch zu einem kleinen Umtrunk eingeladen. Ich ziehe es vor, die Kirche zu verlassen, um noch für einen Moment die andächtige Stille auf dem Friedhof zu atmen.

WENN MAN SCHON MAL HIER IST ...

... sollte man sich Zeit für den **Friedhof** nehmen (Mo–Fr u. So 11–13 Uhr, Sa u. Mitte Juli bis Mitte September auch Di und Do geschlossen, Spende mind. 1 Euro). Auf der Rückseite des Geländes führen die **Lisbon Players** seit 1947 englischsprachige Theaterstücke in der **Estrela Hall** (Rua da Estrela, 10) auf. Sie sind für die hohe Qualität ihrer Inszenierungen bekannt (lisbonplayers.com.pt). Gleich um die Ecke: das ehemalige **Wohnhaus von Fernando Pessoa** (siehe S. 132) □→

BEI DEN NONNEN IM KLOSTER

DURCH DEN BAROCKEN CONVENTO DOS CARDAES

<-- BAIRRO ALTO, WESTLICHE ALTSTADTVIERTE

BAIXA/CHIADO Ⓜ

+ + + S T E C K B R I E F + + +
WO? RUA DO SÉCULO, 123, U BAIXA/CHIADO, TEL. 213427525, CONVENTODOSCARDAES.COM +++ WANN? TÄGL. (AUSSER SO UND FEI) 14.30–17.30 UHR. EINLASS NUR BIS 16.30 UHR +++ WIE LANGE? 1,5 BIS 2 STUNDEN +++ WIE VIEL? EINTRITT 5 EURO. FÜR STUDENTEN UND AB 65 J. 4 EURO. BIS 12 J. FREI +++ WICHTIG! IM AUGUST FINDEN IN MANCHEN JAHREN KEINE FÜHRUNGEN DURCH DEN KONVENT STATT! +++

GÜNSTIG

ES GIBT WOHL KEIN ANDERES GEBÄUDE

Lissabons, bei dem äußere Kargheit und innerer Reichtum in so großem Kontrast stehen wie beim Convento dos Cardaes. Die Architektur ist Ausdruck der Philosophie der Schwestern. Ursprünglich hatte die Adelige Dona Luísa Távora das Kloster im Jahr 1681 für die Unbeschuhten Karmelitinnen errichten lassen, einen in völliger Abgeschiedenheit lebenden Orden. Es überstand das verheerende Erdbeben von 1755 weitgehend unbeschadet. Und es gehört zu den ganz wenigen Konventen der Stadt, die bis heute von Ordensfrauen bewohnt werden.

Die meisten wurden 1834 von König Pedro IV. im Zuge der Säkularisierung aufgelöst, um die Macht der Kirche zu brechen. Die Mönche mussten die Klöster sofort verlassen, die Nonnen durften noch bis zu ihrem Lebensende bleiben. Im Cardaes-Konvent starb die letzte Karmelitin erst 1876.

DANACH ÜBERNAHMEN die Dominikanerinnen. Um das Kloster betreten zu dürfen, muss man sich der Führung eines der römisch-katholischen Laien anschließen, die den Konvent unterstützen und deren Sprachfertigkeiten (Englisch, Französisch, teilweise Deutsch) recht unterschiedlich sind. Sie begleiten die Besucher durch das Gebäude und erzählen von der Geschichte und Gegenwart des Klosters.

Bevor es losgeht, muss ich eine Weile in der Klosterkapelle ausharren. Zeit, den barocken Überschwang genauer zu studieren und die weiß-blauen Azulejos im unteren Teil zu bewundern. »Diese Fliesen wurden in Holland von Jan van Oort gemalt«, erklärt mir kurz darauf die ältere Dame in dunkelbrauner Strickjacke, die mich und zwei Familien heute durch das Kloster führt. »Sie zeigen Szenen aus dem Leben der heiligen Teresa von Ávila.«

Beim Blick vom völlig überladenen Hochaltar in das Kirchenschiff fällt mir ein großes, mit Spitzen bewehrtes Eisengitter oberhalb des Eingangs auf. Wenig später stehen wir dahinter und blicken durch die Gitterstäbe in die Kapelle. »Hier oben nahmen die Karmelitinnen an den Messen teil, ohne dass sie von den anderen Gläubigen gesehen werden konnten«, erläutert die Führerin.

EINEM ÄHNLICHEN ZWECK diente die Drehschublade im ehemaligen Empfangsraum des Klosters: Durch sie konnten die Schwestern Waren empfangen, ohne von den Lieferanten bemerkt zu werden. Nachdem wir über den schlichten, überdachten Kreuzgang die oberen Geschosse des Klosters erreicht haben, bleibt unsere Führerin andächtig vor einer Nische stehen: »Hier betet normalweise die Äbtissin. Sie und die anderen sechs Dominikanerinnen des Klosters kümmern sich um etwa 40 blinde Mädchen und Frauen. Manche von ihnen haben mehrfache Behinderungen, sie leben ebenfalls im Konvent.«

Und wie zum Beweis der Weltoffenheit der Dominikanerinnen begegnen uns gleich darauf zwei Nonnen. Man spürt, wie familiär die Atmosphäre zwischen ihnen und den Laien ist. Letztere stellen nicht nur die Führer für die Rundgänge, sondern finanzieren seit dem Jahr 1877 mit ihrer Vereinigung Associação Nossa Senhora Consoladora dos Aflitos auch die soziale Arbeit und den Erhalt des Klosters. So stehen seine Kunstschätze hinter den abweisenden Mauern uns Besuchern offen.

WENN MAN SCHON MAL HIER IST:

Von hier aus ist es nur ein Sprung zum **Museu Geológico** ☐→ (die Straße runter, dann rechts in die Rua da Academia das Ciências Nr. 19, Ineg.pt). Hier sind unfassbar viele Mineralien sowie Fossilien ausgestellt, darunter auch Dinosaurierknochen. Mit seinen Holzvitrinen ist das Museum selbst eine Reise in die Museumsgeschichte des 19. Jahrhunderts (tägl. außer So und Fei 10–18 Uhr, Eintritt 5 Euro, unter 10 J. frei, am ersten Sa im Monat generell frei).

DEM NASS AUF DER SPUR

DURCH DUNKLE KANÄLE IN DER LISSABONNER UNTERWELT

<--BAIRRO ALTO, WESTLICHE ALTSTADTVIERTEL

M RATO

BAIXA/CHIADO M

+ + + S T E C K B R I E F + + +
WO? RESERVATÓRIO DA PATRIARCAL, PRAÇA DO PRÍNCIPE REAL, U RATO ODER BAIXA/CHIADO, TEL. 218100215, EPAL.PT (MUSEU DA ÁGUA) +++ WANN? JEDEN SAMSTAG UM 11 UND 15 UHR +++ WIE LANGE? ETWA 1 STUNDE +++ WIE VIEL? 3 EURO (AB 65 J., STUDENTEN, FAMILIEN 50 % ERMÄSSIGUNG, BIS 12 J. FREI) +++ WICHTIG! VORANMELDUNG SEHR ZU EMPFEHLEN, DA MINDESTENS 10 PERSONEN PRO TOUR TEILNEHMEN MÜSSEN! +++

124 GÜNSTIG

DER EINGANG in die Lissabonner Unterwelt könnte kaum unscheinbarer sein: Hinter einem grünen Metallgitter in der Mitte der Praça do Príncipe Real führen Steinstufen nach unten. Hier, am schönsten Platz der Lissabonner Oberstadt, liegt gut verborgen das Reservatório da Patriarcal: ein stillgelegter Wasserspeicher, dessen Name an die Basilika der römisch-katholischen Patriarchen erinnert, die hier 1769 abbrannte.

Der neun Meter hohe Speicherraum mit seinen Steinsäulen strahlt noch immer eine gewisse Eleganz aus. An seinem Zulauf beginnt eine der interessantesten Führungen der Stadt: Über 410 Meter lang folgt man knapp unter Straßenniveau den Kanälen, die Lissabon einst mit Wasser versorgten. Selbst für groß gewachsene Menschen wie mich ist das erhobenen Hauptes möglich, da die gewölbte Steindecke nur auf wenigen Abschnitten zwei Meter Höhe unterschreitet.

»**WASSER FLIESST** hier schon lange nicht mehr«, erklärt die Führerin auf Portugiesisch und Englisch. »Die Versorgung sichern inzwischen moderne Leitungen. Aber damals, nach dem Bau des Lissabonner Aquädukts Mitte des 18. Jahrhunderts, musste das Wasser auf die Stadtteile verteilt werden.« Die verantwortlichen Ingenieure lösten das Problem, indem sie das kostbare Nass aus dem Aquädukt zunächst in einem Mãe d'Água (»Mutter des Wassers«) genannten Zentralreservoir zwischenspeicherten und dann über fünf Tunnelsysteme zu weiteren Reservoirs und prächtigen öffentlichen Brunnen leiteten. Von da aus brachten Träger das Wasser zu den begüterten Haushalten, ärmere Menschen zapften es sich unmittelbar am Brunnen ab, an den unteren Becken tränkte man auch die Tiere. Nur ganz wenige Häuser hatten einen direkten Leitungsanschluss.

»Dem Tunnel Galeria do Loreto, in dem wir uns befinden, kam bei der Verteilung in der Oberstadt und dem Chiado eine zentrale Rolle zu«, erläutert die Führerin, die für das Museu da Água arbeitet, das Wassermuseum des lokalen Unternehmens EPAL, das die Tunnelsysteme vor dem Verfall rettete. »Er versorgte über Abzweigungen unter anderem die königliche Druckerei Imprensa Régia und und das Reservoir, in dem wir uns gerade befinden.«

IM TUNNELINNEREN ist es auffällig leise. Nur selten dringt ein Geräusch der so umtriebigen Stadt nach unten. Ohne die Schritte unserer Besuchergruppe wäre es fast unheimlich still.

Damit man sich auch unter Tage gut orientieren kann, sind wichtige Straßenkreuzungen und die Abzweigungen mit Hinweisschildern markiert. Nach etwa 400 Metern biegen wir links vom Haupttunnel ab (er endet am Opernplatz Largo de São Carlos) und erreichen durch eine unscheinbare Tür den Aussichtspunkt Miradouro de São Pedro de Alcântara. Eigentlich hätte an dieser Stelle ein monumentaler Brunnen stehen sollen, doch nach dem Erdbeben von 1755 gab man das Projekt auf und errichtete eine bescheidenere Variante.

Nach einer guten halben Stunde in den schummrigen Gängen gewöhne ich mich nur langsam ans helle Sonnenlicht. Ich beschließe, erst einmal einen Espresso an der gemütlichen Freiluftbar Miradouro de São Pedro de Alcântara zu trinken, und genieße die Aussicht auf die Lissabonner Burg.

WENN MAN SCHON MAL HIER IST:

Alternativ kann man eine 1,6 Kilometer lange Tunnelstrecke ab dem Zentralspeicher **Mãe d'Água** □→(Praça das Amoreiras, 10, U Rato) begehen. Start ist am Freitag um 15 Uhr sowie am ersten und letzten Samstag im Monat um 11 Uhr (Preis 5 Euro). Auch diese Tour endet am Aussichtspunkt **Miradouro São Pedro de Alcântara**. Die **Mãe d'Água** selbst ist Di–Sa 10–12.30 und 13.30–17.30 Uhr geöffnet (Fei geschl., Eintritt 3 Euro, Kombiticket mit Aquädukt 5 Euro).

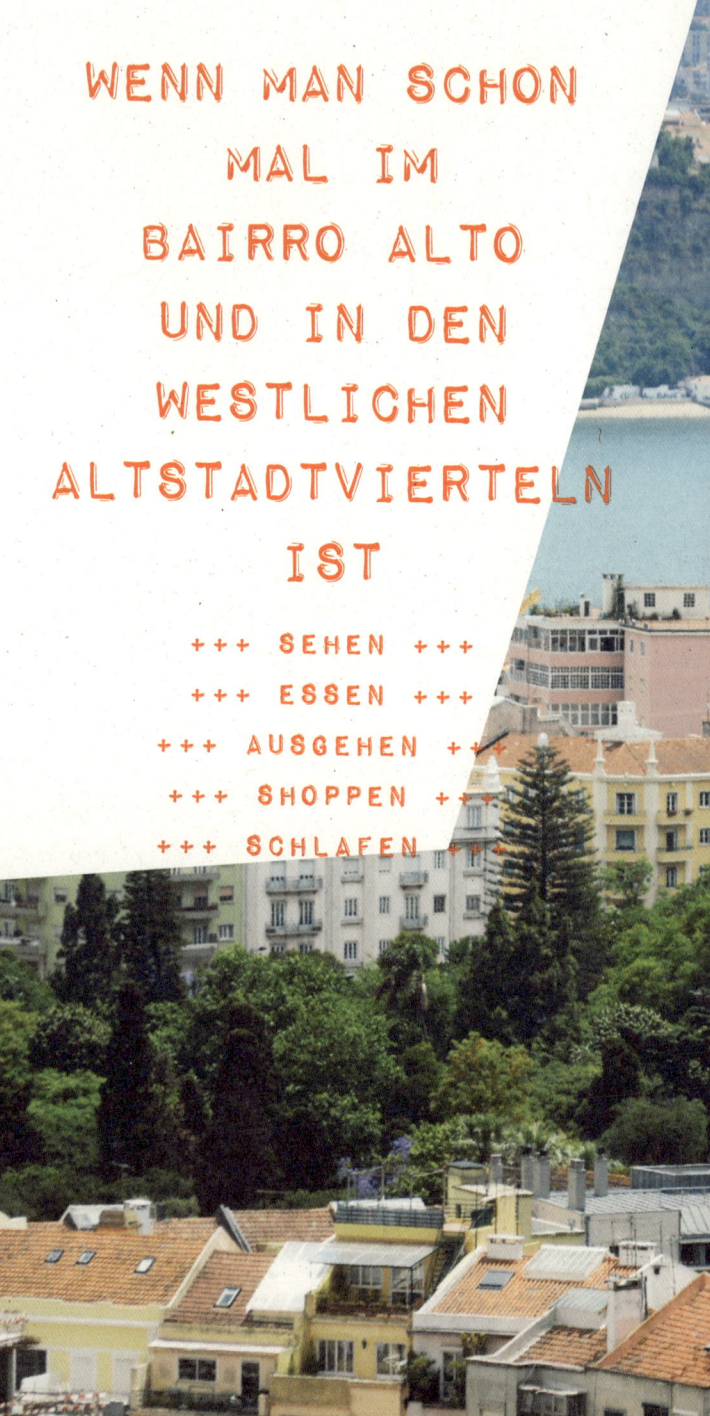

WENN MAN SCHON MAL IM BAIRRO ALTO UND IN DEN WESTLICHEN ALTSTADTVIERTELN IST

+++ SEHEN +++
+++ ESSEN +++
+++ AUSGEHEN +++
+++ SHOPPEN +++
+++ SCHLAFEN +++

4

| SEHEN |

MUSEU DA FARMÁCIA/ MIRADOURO DE SANTA CATARINA

Dieses Museum stellt zahlreiche Apotheken aus, deren Verkaufsräume nach liebevoller Restaurierung hier wiederaufgebaut wurden. Darunter eine Feldapotheke des portugiesischen Militärs von 1908 oder eine chinesische Apotheke aus Macao. Im ersten Stock befindet sich das empfehlenswerte Museumsrestaurant Pharmacia. Direkt nebenan liegt der Aussichtspunkt Miradouro de Santa Catarina mit der bekannten Kioskbar Adamastor und dem fabelhaften Blick auf den Lissabonner Hafen.

+++ RUA MARECHAL SALDANHA, 1 +++ 213400680 +++ U BAIXA/CHIADO +++ MUSEUDAFARMACIA.PT +++ TÄGL. (AUSSER FEI) 10-19 UHR +++ EINTRITT 5 EURO, STUDENTEN UND AB 65 J. 3,50 EURO, FAMILIEN 14 EURO, BIS 2 J. FREI +++

← JARDIM BOTÂNICO

In dem 1873 angelegten Botanischen Garten wachsen auf abschüssigem Gelände überwiegend tropische und subtropische Pflanzen. Der deutsche Gärtner Edmund Goeze hat den Park im 19. Jahrhundert zusammen mit seinem französischen Kollegen Jules Daveau mit Arten bepflanzt, die sie vor allem aus den portugiesischen Kolonien in Afrika und Asien importierten.

+++ RUA DA ESCOLA POLITÉCNICA, 58 +++ U RATO ODER TRAM 24 BIS HALT RUA ESCOLA POLITÉCNICA +++ 213921800 +++ MUSEUS.ULISBOA.PT +++ TÄGL. 9-20 UHR. OKT.-MÄRZ MO-FR NUR BIS 17 UHR. SA/SO/FEI BIS 18 UHR. LETZTER EINLASS 30 MIN. VOR SCHLUSS +++ EINTRITT 3 EURO. BIS 18 J., AB 65 J. UND STUDENTEN 50 % ERMÄSSIGUNG. FAMILIEN 5 EURO. UNTER 6 J. FREI +++

IGREJA DE SÃO ROQUE

Der Grundstein zu der Jesuitenkirche wurde 1566 gelegt. Acht Seitenkapellen protzen mit barockem Überfluss. Besonders beeindruckend: die Kapelle Johannes des Täufers aus blauem Marmor ganz vorne links. Nebenan stellt das Museu de São Roque sakrale Kunst aus.

+++ LARGO TRINDADE COELHO +++ U BAIXA/CHIADO +++ 213235065 +++ MUSEUDESAOROQUE.COM +++ MO 14-19 UHR. DI-SO 10-19 UHR. DO BIS 20 UHR. FEI GESCHL.. OKT.-MÄRZ TÄGL. NUR BIS 18 UHR. EINLASS BIS 30 MIN. VOR SCHLUSS +++ MUSEUM: EINTRITT 2,50 EURO. FAMILIENTICKET 5 EURO. BIS 14 J., STUDENTEN UND AB 65 J. SOWIE SO BIS 14 UHR FREIER EINTRITT! KIRCHE: EINTRITT GENERELL FREI +++

CEMITÉRIO DOS PRAZERES

Der »Friedhof der Freuden« wurde 1833 nach dem Vorbild des Pariser Parkfriedhofs Cimetière du Père-Lachaise angelegt und gilt als bevorzugte Ruhestätte der Lissabonner Eliten. Unter den Alleen reiht sich ein Familienmausoleum an das andere, alle aus edlem Stein und reich verziert. Der sonderbare Name des Westfriedhofs ist übrigens von einer Marienkapelle abgeleitet, die sich hier vorher befand und der »Nossa Senhora dos Prazeres« (»Unserer Lieben Frau der Freude«) geweiht war.

+++ PRAÇA SÃO JOÃO BOSCO +++ STRASSENBAHN 25 (NUR MO-FR) UND 28 BIS HALTESTELLE CAMPO DE OURIQUE (PRAZERES) +++ CM-LISBOA.PT +++ TÄGL. 9-17 UHR (MAI-SEPT. BIS 18 UHR). EINLASS BIS 30 MIN. VOR SCHLUSS +++ EINTRITT FREI! +++

CASA FERNANDO PESSOA

Hier verbrachte Fernando Pessoa (1888–1935), Portugals berühmtester Dichter der Neuzeit, seinen Lebensabend. Das Haus hat man nach seinem Tod leider völlig umgestaltet, da es (zu) lange dauerte, bis die Genialität Pessoas erkannt wurde. Zu sehen sind heute neben einer umfangreichen Bibliothek auch persönliche Gegenstände aus dem Nachlass des Dichters.

+++ RUA COELHO DA ROCHA, 16-18 +++ STRASSENBAHN 25 (NUR MO-FR) UND 28 BIS HALTESTELLE RUA SARAIVA CARVALHO +++ CASAFERNANDOPESSOA.PT +++ MO-SA 10-18 UHR. EINLASS BIS 30 MIN. VOR SCHLUSS. SO/FEI GESCHL. ENGLISCHE FÜHRUNG MO, FR UND SA 11.30 UHR +++ EINTRITT 3 EURO. BIS 25 J., AB 65 J. UND STUDENTEN 2 EURO. FAMILIEN 8 EURO +++

ESSEN

CASA CABAÇAS

Gute portugiesische Küche, Spezialität des Hauses ist der *naco na pedra*, ein saftiges Stück Rindernacken, das man sich selbst auf einem heißen Stein brutzelt. Früh kommen, da sehr beliebt. Hauptgerichte ab 9 Euro.

+++ RUA DAS GÁVEAS, 8-10 +++ U BAIXA/CHIADO +++ 213463443 +++ FACEBOOK.COM/CABACASRESTAURANTE +++ DI-FR 12-15 UHR UND DI-SO 19-24 UHR +++

A CEVICHERIA

Restaurant rund um die peruanische Spezialität *Ceviche*, bei der roher Fisch mit Limettensaft und roten Zwiebeln mariniert wird. Die kleinen Portionen ab 12,80 Euro sind als leichte Mahlzeit an Sommerabenden perfekt. Wer einen der wenigen Plätze will, sollte am besten früh oder sehr spät kommen. Ansonsten empfiehlt sich für die Wartezeit ein *Pisco Sour*.

+++ RUA DOM PEDRO V, 129 +++ U RATO +++ 218038815 +++ FACEBOOK.COM/ACEVICHERIACHEF-KIKO +++ TÄGL. 12-24 UHR +++

TABERNA DA ESPERANÇA

Weinbar-Restaurant im Stil eines französischen Bistros in den schönen Gassen des kleinen Stadtteils Madragoa. Holztische mit Steinplatten, ruhige Musik, sanfte Beleuchtung. Zu essen gibt's vor allem *petiscos* (portugiesische Tapas) ab 4,50 Euro, von denen man mehrere benötigt, um einen normalen Hunger zu stillen.

+++ RUA DA ESPERANÇA, 112 +++ STRASSEN-BAHN 25 ODER BUS 774 BIS HALTESTELLE SANTOS-O-VELHO +++ 213962744 +++ TABERNADAESPERANCA.COM +++ MI/DO 19-23.30, FR 19-24, SA/SO 13-15.30 UND 19-24 UHR +++

TIME OUT MARKET LISBOA

Im Westflügel des ehemaligen Großmarktes Lissabons betreibt die Zeitschrift *Time Out* eine Schlemmermeile mit über 30 Restaurants, die fast von allem etwas bieten. Man holt sich das Essen selbst ab. Lautes, umtriebiges Ambiente, preislich eher gehoben.

+++ MERCADO DA RIBEIRA. AV. 24 DE JULHO. 49 +++ U CAIS DO SODRÉ +++ 213951274 +++ TIMEOUTMARKET.COM +++ TÄGL. 10-24 UHR (DO-SA BIS 2 UHR) +++

MANTEIGARIA UNIÃO

Bäckerei mit Stehcafé. Fantastisch: die frischen Cremetörtchen. Die *pasteis de nata* können geschmacklich mit dem Original aus Belém absolut mithalten.

+++ RUA DO LORETO. 4 +++ U BAIXA/CHIADO +++ 213471492 +++ FACEBOOK.COM/MANTEIGARIA.OFICIAL +++ TÄGL. 8-24 UHR +++

NOOBAI CAFÉ

Café mit Rooftop Bar direkt am Aussichtspunkt Santa Catarina, mit dem es den herrlichen Blick teilt. Ruhiges Ambiente mit Jazzmusik. Spielecke für Kinder.

+++ MIRADOURO DE SANTA CATARINA. RUA SANTA CATARINA +++ U BAIXA/CHIADO +++ 213465014 +++ NOOBAICAFE.COM +++ TÄGL. 10-24 UHR +++

PÃO DE CANELA

Café an einem hübschen, verkehrsberuhigten Platz unweit des Parlaments. Großes Angebot an Toasts, Hamburgern, Wraps, Blätterteiggebäck und Ähnlichem. Auch Restaurantbetrieb mit Mittag- und Abendessen.

+++ PRAÇA DAS FLORES. 25 UND 27 +++ U RATO +++ 213972220 +++ FACEBOOK.COM/CANELAPT +++ TÄGL. 7.30-23 UHR +++

AUSGEHEN

PAVILHÃO CHINÊS

Luxuspub in einer ehemaligen Kurzwarenhandlung. Die alten Verkaufsvitrinen sind mit Puppen, Modellflugzeugen und Plastiksoldaten dekoriert. Viele Cocktails, gediegener Stil, gehobene Preise. Bier 3 Euro.

+++ RUA DOM PEDRO V, 89/91 (AM EINGANG KLINGELN) +++ U RATO ODER TRAM 24 BIS HALT PRÍNCIPE REAL +++ 213424729 +++ FACEBOOK.COM/PAVILHAOCHINESLISBOA +++ TÄGL. 18-2 UHR (SO ERST AB 21 UHR) +++

PARK

Bar mit besonderem Ausblick auf dem Dach des Parkhauses in der Calçada do Combro (mit dem Aufzug in den 5. Stock, dann zu Fuß auf das 6. Parkdeck). Kleiner Innenraum, das meiste spielt sich aber im Freien ab. Bier 2 Euro.

+++ CALÇADA DO COMBRO, 58 +++ U BAIXA/CHIADO +++ 215914011 +++ FACEBOOK.COM/PARKLISBOAOFFICIAL +++ TÄGL. (AUSSER MO) 13-2 UHR (FR/SA BIS 3 UHR, SO NUR BIS 20 UHR) +++

PENSÃO AMOR

Beliebteste Bar in der Kneipenzone am Cais do Sodré. Der Name »Pension Liebe« kommt nicht von ungefähr: Hier befand sich jahrelang ein Stundenhotel. Nichts für prüde Gemüter, auch wenn sich um die Eisenstange in der Bar nur selten Tabledancer ranken. Bier 2 Euro, ab 22 Uhr 3 Euro.

+++ RUA NOVA DO CARVALHO, 38 UND RUA DO ALECRIM, 19 +++ U CAIS DO SODRÉ +++ 213143399 +++ PENSAOAMOR.PT UND FACEBOOK.COM/PENSAOAMOR +++ TÄGL. 12-3 UHR (DO-SA BIS 4 UHR) +++

SHOPPEN

□↑
EMBAIXADA – PORTUGUESE SHOPPING GALLERY

Luxuseinkaufszentrum im Inneren des pseudomaurisch gestalteten Palasts Palacete Ribeiro da Cunha. Auf 3 Etagen werden Mode, Juwelen und Designobjekte verkauft.

+++ PRAÇA DO PRÍNCIPE REAL. 26 +++ U RATO ODER TRAM 24 BIS HALT PRÍNCIPE REAL +++ EMBAIXADALX.PT +++ TÄGL. 12-20 UHR +++

CENTRO COMERCIAL DAS AMOREIRAS

Das Einkaufszentrum gehört zu den größten in Lissabon. Neben 300 Läden (!) gibt es Restaurants und Kinosäle sowie die Aussichtsplattform Amoreiras 360° Panoramic View auf dem Dach eines der Türme – mit einem der besten Ausblicke auf Lissabon.

+++ AV. ENGENHEIRO DUARTE PACHECO +++ U RATO ODER TRAM 24 BIS RUA AMOREIRAS +++ AMOREIRAS.COM UND AMOREIRAS360VIEW.COM +++ EINKAUFSZENTRUM TÄGL. 10-23 UHR +++ AUSSICHTSPLATTFORM MO-FR 10-12.30 UND 14.30-18 UHR (APRIL BIS ENDE SEP. BIS 22 UHR), SA/SO 10-18 UHR (APRIL BIS ENDE SEP. BIS 22 UHR) SOWIE IM AUG. TÄGL. 10-22 UHR (EINTRITT 5 EURO. BIS 16 J. UND AB 65 J. 3 EURO. BIS 5 J. FREI. FAMILIEN 14 EURO) +++

SCHLAFEN

CASA DO PRÍNCIPE

Exquisites Bed & Breakfast mit Kronleuchtern, Fresken und Stuck. 9 geräumige Zimmer mit eigenem Bad. Am meisten Ruhe genießt man in den Räumen nach hinten. DZ zwischen 108 und 209 Euro (Frühstück inkl.).

+++ PRAÇA DO PRÍNCIPE REAL, 23-1º +++ U RATO ODER TRAM 24 BIS HALT PRÍNCIPE REAL +++ 218264183 UND 935743078 +++ CASADOPRINCIPE.COM +++

CASA AMORA

Bed & Breakfast in einem liebevoll renovierten Häuschen nur wenige Meter vom Wasserreservoir Mae d'Água entfernt. 10 Zimmer mit eigenem Bad. DZ 80–196 Euro (inkl. Frühstück). Mindestaufenthalt 2 Nächte.

+++ RUA DE JOÃO PENHA, 13 +++ U RATO +++ 211923234 +++ CASAAMORA.COM +++

THE HOUSE B&B

Unterkunft mit einer der besten Aussichten Lissabons. Dachterrasse mit Wintergarten. 9 schöne Zimmer im 4. und 5. Stock, alle mit eigenem Bad. DZ 65–135 Euro (inkl. Frühstück).

+++ TRAVESSA DO PINHEIRO, 11-4º +++ TRAM 25 ODER 28 BIS HALT ESTRELA (BASÍLICA) +++ 215947949 +++ THEHOUSE.PT +++

LISBON OLD TOWN HOSTEL

Sehr ruhiges Hostel in unmittelbarer Nachbarschaft zu den Bairro-Alto-Bars. Hohe Decken, Stuck und Dielenböden. 2 DZ und 7 Schlafsäle mit Gemeinschaftsbädern. Im Schlafsaal 10–26 Euro pro Person, pro DZ 40–70 Euro (inkl. Frühstück). 2 Nächte Mindestaufenthalt.

+++ RUA DO ATAÍDE, 26-A +++ U BAIXA/CHIADO +++ 213465248 +++ LISBONOLDTOWNHOSTEL.COM +++

5
ALCÂNTARA
+++ ERLEBEN +++

VERLASSENE FABRIKHALLEN zeugen von Zeiten, in denen Alcântara industrielles Zentrum Lissabons und Schauplatz heftiger Streiks war. Die Produktion findet inzwischen in Gewerbegebieten in den Vororten statt. Trotzdem kann man die alte Industrieatmosphäre immer noch gut erschnuppern. Zum Beispiel im Kulturzentrum LX Factory, das die Gebäude einer leer stehenden Textilfabrik übernommen hat. Doch auch ein Hauptteil des Lissabonner Hafens und eine der beiden Tejo-Brücken liegen im Stadtteil Alcântara.

ALCÂNTARA

MIT DEM BUS DURCH DEN FLUSS

LUXUS-TRAM NUMMER EINS

IM MUSEUM DER VERKEHRSBETRIEBE CARRIS

+ + + S T E C K B R I E F + + +
WO? RUA PRIMEIRO DE MAIO, 101/103. TRAM 15 BIS HALTESTELLE SANTO AMARO. TEL. 213613087. MUSEU.CARRIS.PT +++ WANN? MO-FR 10-18 UHR, SA 10-13 UND 14-18 UHR, SO/FEI GESCHL., EINLASS BIS 30 MIN. VOR SCHLUSS +++ WIE LANGE? CA. 2 BIS 3 STUNDEN +++ WIE VIEL? EINTRITT 4 EURO, BIS 18 J. UND AB 65 J. 50 % ERMÄSSIGUNG, UNTER 6 J. FREI +++

GÜNSTIG, FAMILIENFREUNDLICH

NOSTALGIE PUR verströmt schon der schmucke Schriftzug »Companhia Carris de Ferro de Lisboa« (»Eisenbahngesellschaft Lissabon«) auf der weiß-rot lackierten Straßenbahn. Ihren Eingang verschließt keine Tür, sondern ein Gitter, wie das früher bei den Trams üblich war, die in Lissabon und anderswo noch mit Fahrer und Schaffner durch die Städte fuhren. Diese hier hat nur einen Fahrer, niemand kontrolliert die Tickets. Innen habe ich freie Platzwahl, alle aufwendig gepolsterten Sitze sind leer – angesichts der chronisch überfüllten Lissabonner Trams ein völlig ungewohnter Luxus. Ich genieße es, einmal der einzige Fahrgast zu sein.

Dafür ist die Fahrt aber auch nicht so lang wie mit den normalen Linien, denn die Tram Nr. 1 verlässt den weitläufigen Betriebshof Santo Amaro nicht. Sie transportiert die Besucher zwischen den verschiedenen Teilen des Museu da Carris hin und her.

KURIOSERWEISE wurde die Carris 1870 in Rio de Janeiro gegründet und übernahm später den Betrieb des Lissabonner Nahverkehrs. Heute ist das Unternehmen staatlich und hat schon lange seinen Hauptsitz hierher an die Rua Primeiro de Maio im Stadtteil Alcântara verlegt.

Auf meinem Rundgang durch Teil 1 des Museums vollziehe ich anhand von alten Uniformen, Fahrkarten, Fotografien, Modellen und Netzplänen neugierig nach, wie im Jahr 1873 die Geschichte der Lissabonner Trams mit Pferdebahnen begann. »Americanos« nannte man sie, entweder weil einige Wagen aus Amerika stammten oder weil sie ursprünglich in den USA erfunden wurden – ganz klar ist das nicht. Außergewöhnlich schmal: die Spurweite von 900 mm.

Am 31. August 1901 um 4.40 Uhr morgens stellte die Carris dann auf elektrischen Antrieb um, die Ära der »elétricos« hatte begonnen. Sie sind inzwischen so etwas wie ein Symbol für Lissabon. Wegen der Konkurrenz von Bussen und Metrolinien ist zwar weniger als die Hälfte des Straßenbahnnetzes übrig. Die Nachfrage stimmt aber wieder, durch den Tourismusboom sind die Bahnen sogar regelmäßig überfüllt. Inzwischen reaktiviert die Stadt stillgelegte Linien und plant den Bau neuer Strecken.

AUF DIE TRAM WARTEN muss ich auch hier im Museum. Der Fahrer taucht erst nach einer guten Viertelstunde auf. In Lissabon werden sie »guarda-freios«, wörtlich »Bremsenhüter«, genannt, da sie die steilen Hügel der Stadt hinunter aufpassen müssen, damit sie auch rechtzeitig anhalten. Die kurze Strecke zu Teil 2 des Museums verläuft aber komplett eben, und wir fahren mit vollem Schwung zum Depot.

Es ist ein wahrer Schatz für Fans alter Transportmittel! In den Hallen parken Dutzende historische Trams und Busse. Manche darf man sogar betreten. Ich setze mich in die Bahn Nr. 444 aus dem Jahr 1901. Sie gehört zu der Serie der ersten elektrischen Wagen, die als »São Luís« bekannt waren, da ihr Holzchassis in den USA von der St. Louis Car Company hergestellt wurde. Der Kuhfänger am Kopfende wirkt, als wäre er aus einem Western gefallen. Fasziniert erkunde ich auch die anderen Baureihen – und genieße dann auf der Rückfahrt zum Eingang und zur Museumsgalerie noch einmal den Luxus, die Tram Nr. 1 ganz allein für mich zu haben.

WENN MAN SCHON MAL **HIER IST:**

Auf dem Carris-Gelände arbeiten im Kreativzentrum **Village Underground** auch Designer in umgebauten alten Bussen – und es gibt ein buntes Café. Zu einem Lissabon-Besuch gehört es außerdem fast zwingend dazu, mit einer historischen Tramlinie zu fahren. Weltberühmt und inzwischen leider auch völlig überfüllt ist die **Linie 28** ▢→, die von der U-Bahn Martim Moniz durch die Gassen der Altstadt bis zum Friedhof Prazeres führt. Achtung vor Taschendieben!

IM HERZEN DER KLEINEN »GOLDEN GATE«

DAS INNENLEBEN DER TEJO-BRÜCKE PONTE 25 DE ABRIL

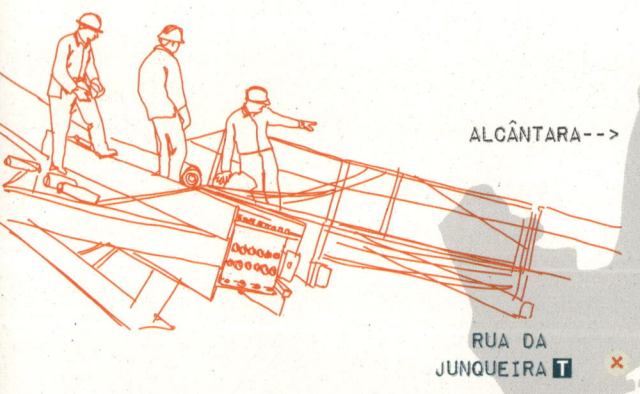

ALCÂNTARA-->

RUA DA JUNQUEIRA 🅣

+++ **STECKBRIEF** +++
WO? AV. DA ÍNDIA. PILAR 7 DA PONTE 25 DE ABRIL. TRAM 15 BIS HALTESTELLE RUA DA JUNQUEIRA. TEL. 211117880. VISITLISBOA.COM/PILAR-7-BRIDGE-EXPERIENCE +++ **WANN?** TÄGL. 10-18 UHR (MAI-SEPT. BIS 20 UHR). NUR AM 25.12. GESCHL. +++ **WIE LANGE?** 1 BIS 1.5 STUNDEN +++ **WIE VIEL?** 6 EURO. FÜR SCHÜLER UND STUDENTEN UND AB 65 J. 4 EURO. UNTER 6 J. FREI +++ **WICHTIG!** WER GROSSE PROBLEME MIT DER SCHWINDELFREIHEIT HAT, SOLLTE LIEBER NICHT MIT DEM AUFZUG NACH OBEN FAHREN. DA ES DORT SEHR »LUFTIG« ZUGEHT +++

GÜNSTIG. FAMILIENFREUNDLICH

SO HATTE ICH MIR das »Herz« der Brücke nicht vorgestellt! Unzählige Male habe ich sie schon von außen betrachtet – ein merkwürdiges Gefühl, jetzt im Inneren eines ihrer beiden gigantischen Betonblöcke zu stehen, an die die Tragseile des Fahrbahnträgers gespannt sind. In dem spärlich beleuchteten Saal enden die insgesamt 11.248 Drähte – jeder knapp 5 Millimeter »dick« –, aus denen die großen Seile bestehen. In Bündeln werden sie um Rollen geführt, die wiederum im Beton verankert sind. Die dünnen Seile wirken erstaunlich fragil, die kastenförmigen Befestigungsbauten aus Zement dafür umso stabiler.

1966 wurde die Brücke nach nur vierjähriger Bauzeit als »Ponte Salazar« eingeweiht, damals das größte Bauwerk dieser Art in Europa. Nach dem Sturz der Diktatur benannte man sie in Erinnerung an den Tag der Nelkenrevolution 1974 in »Ponte 25 de Abril« um.

IN DER KLEINEN AUSSTELLUNG im Vorraum ist auf Fotos zu sehen, wie Arbeiter während des Baus waghalsig über provisorisch aufgespannte Stege balancieren. 3.000 Menschen verbauten alleine 72.600 Tonnen Stahl. Seitdem ähnelt die Anfahrt auf der 2,3 Kilometer langen Hängebrücke über den Tejo einem Landeanflug – 70 Meter über Normalnull »schwebt« man in die Hauptstadt ein.

Den Auftrag für den Bau hatte die Firma US Steel bekommen. Durch die Konstruktion der Golden Gate Bridge in San Francisco konnte das Unternehmen beste Referenzen vorweisen. So ist es kein Zufall, dass die Ponte 25 de Abril mit »International Orange« den gleichen rostfreien Anstrich wie ihre »große Schwester« in den USA trägt und ihr auch im Design verblüffend ähnlich sieht.

Bis endlich die von Beginn an geplante Bahnlinie unter der Fahrbahn fertiggestellt war, sollte es über 30 Jahre dauern. Noch länger brauchte es, bis sich das Herz der Brücke für Besucher öffnete. Erst seit 2017 gibt es das Zentrum Experiência Pilar 7 am siebten Pfeiler der Brücke, finanziert zum großen Teil mit den Einnahmen aus der Übernachtungssteuer, die jeder Gast seit 2016 in Lissabon löhnt.

GENAU DIESES HIGHLIGHT wartet jetzt noch auf mich: Mit einem Aufzug geht es nach oben zu der kleinen Aussichtsplattform direkt am siebten Pfeiler. Der Zugang stammt noch aus den Tagen, als hier das Servicepersonal die Brücke betrat, um sie zu warten. Neu ist der gläserne Boden: Ein paar Schritte, und schon stehe ich auf der Scheibe, in 72 Metern Höhe. Ein bisschen mulmig ist mir schon, auch wenn ich mich überraschend schnell an den Blick in die Tiefe gewöhne. Bald fühlt es sich fast normal an, unter mir die Autos und Züge am Tejo-Ufer entlangziehen zu sehen.

Der interessanteste Blick geht jedoch eindeutig nach links: So stehe ich praktisch Auge in Auge mit den Autos, Bussen und Lkw, die auf drei Fahrspuren Lissabon Richtung Süden verlassen. Hier sind noch alle Spuren asphaltiert, während weiter vorne auch Gitter am Boden verlegt sind. Um das Gewicht der Brücke zu senken, hatte man die Spuren teilweise aus Eisenrosten gebaut. Ihr surrender Klang begleitet mich zum Ausgang des Besucherzentrums. Es ist der Sound Alcântaras.

WENN MAN SCHON MAL **HIER** IST:

Direkt nebenan liegen das Gelände der Lissabonner Verkehrsbetriebe **Carris** mit dem **Straßenbahn-Museum** (siehe S. 142) und das alternative Kulturzentrum **LX Factory** ▫→ mit seinen zahlreichen Restaurants (siehe S. 158). Leider muss man in der Regel den längeren Weg um den kompletten Block bis zur Rua Primeiro de Maio nehmen, um beide zu erreichen: Die Eingänge auf der Tejo-Seite sind meist verschlossen.

MIT DEM BUS DURCH DEN FLUSS

DIE BESONDERE STADTRUNDFAHRT MIT HIPPOTRIP

ALCÂNTARA -->

ALCÂNTARA 🆃

+ + + S T E C K B R I E F + + +
WO? START AM SÜDOSTENDE DER DOCA DE SANTO AMARO VOR DER ASSOCIAÇÃO NAVAL DE LISBOA (ANL). TRAM 15 BIS HALT ALCÂNTARA – AV. 24 DE JULHO. TEL. 211922030. HIPPOTRIP.COM **+++ WANN?** TÄGL. MEHRERE RUNDFAHRTEN. ABFAHRTSZEITEN AUF DER WEBSEITE **+++ WIE LANGE?** 1,5 STUNDEN **+++ WIE VIEL?** 28 EURO. BIS 16 J. UND AB 65 J. 16 EURO **+++ WICHTIG!** AM BESTEN FRÜH RESERVIEREN, DA DIE FAHRTEN OFT AUSGEBUCHT SIND. AUS SICHERHEITSGRÜNDEN DÜRFEN KINDER ERST AB 2 J. AN BORD. BEI STARKEM WIND FINDET DIE RUNDFAHRT NUR AN LAND STATT **+++**

»HIPPO, HIPPO, HURRA«, schreit es aus 35 Kehlen mitten auf der Praça dos Restauradores. Die Passanten reagieren leicht verwirrt auf den ungewöhnlichen Gruß, der ihnen aus dem Hippotrip-Bus entgegenschallt. Knallgelb angestrichen und mit etwas höher gelegenen Sitzen sieht das »Chico« getaufte Amphibienfahrzeug ein bisschen aus wie ein aufgebockter Schulbus.

Seit einigen Minuten ist unsere Gruppe unterwegs, und Diana gibt einen Kalauer nach dem anderen zum Besten. Als müsste sie beweisen, dass sie kein »gewöhnlicher Guide« ist, sondern eine Animateurin, wie Hippotrip auf der Webseite betont. Bei der Fahrt über Lissabons Prachtmeile Avenida da Liberdade stimmt sie sogar den Chanson-Klassiker *Les Champs-Élysées* von Joe Dassin an. Ich finde es etwas zu viel des Guten, doch der Rest der Gruppe ist bereits bester Laune und belohnt sie mit einem Sonderapplaus.

»UND NOCH MAL ein ›Hippo, Hippo, Hurra‹ für diese Gruppe hier«, brüllt Diana, als wir gleich darauf Richtung Basílica da Estrela um die Ecke biegen. »Hippo, Hippo, Hurra«, schreit der ganze Bus. Langsam fange auch ich an, Spaß an der Sache zu finden. Den anderen gefällt es definitiv, egal, ob Kinder, Eltern oder Großeltern, ich sehe lauter strahlende Gesichter.
Meine Tour ist fast komplett mit Portugiesen und Brasilianern besetzt. Für die wenigen Deutschen und Franzosen an Bord übersetzt Diana ihren fast atemlosen Vortrag ins Englische. »85 Prozent der Geschichten, die ich heute erzähle, sind wahr, 15 Prozent Legenden und 5 Prozent Quatsch«, hatte sie zu Anfang angekündigt. Die 105 Prozent schafft sie locker, aber das Quatsch-Wahrheits-Verhältnis dürfte meinem Eindruck nach eher umgekehrt liegen.
Inzwischen sind wir in Belém angekommen, dem Stadtteil der portugiesischen Entdeckungsfahrten. »Zuerst brachten wir Portugiesen den Kaffee nach Brasilien, weil er dort so gut wuchs, dann den Kakao, und dann die Bikinis, die dort auch gut wuchsen ... oder besser gesagt schrumpften, denn in Brasilien werden die Bikinis ja immer kleiner«, haut Diana ihren nächsten Witz raus. Selbst die brasilianischen Gäste müssen lachen.

UNTER DEN KLÄNGEN VON *Also sprach Zarathustra*, weltbekannt durch den Kubrick-Film *2001: A Space Odyssey*, gleitet unser Fahrzeug die Rampe an der Doca do Bom Sucesso hinunter. Ein großer Platsch, und der Bus hat sich in ein Motorboot verwandelt.

»Jetzt kommt das, worauf alle gewartet haben«, kündigt Diana bedeutungsvoll an: »Ich werde schweigen!« Und so schippern wir nur vom Geräusch des Windes und des leichten Wellengangs begleitet an den Sehenswürdigkeiten Beléms vorbei.

Die Idee zu der Amphibienfahrzeugtour kam Hippotrip-Gründer Frank Alvarez während seines Studiums in den USA, als er in Boston die dortigen »Duck Tours« kennenlernte. Für Lissabon wählte er jedoch das Nilpferd als Markenzeichen. Da Nilpferde fast den ganzen Tag im Wasser verbringen, sollte man annehmen, dass die Tour vor allem im Tejo stattfindet, doch tatsächlich verlaufen etwa zwei Drittel an Land.

Nach 30 Minuten verlässt das Boot im Vorort Algés den Fluss und wird wieder zum Bus. Und nachdem Diana es tatsächlich geschafft hatte, fast eine halbe Stunde lang den Mund zu halten, präsentiert sie auf dem Rückweg noch ein paar letzte Brüller.

WENN MAN SCHON MAL HIER IST:

Der Start- und Endpunkt der Tour liegt zwischen dem **Lissabonner Containerhafen** und dem Jachthafen **Doca de Santo Amaro** □→. An der »Doca« lässt es sich gut speisen (siehe S. 159) und dabei den Blick auf den Tejo und die **Brücke des 25. April** genießen, die direkt hier den Fluss quert. Nicht weit entfernt findet man das sehr sehenswerte Orientmuseum **Museu do Oriente** (siehe S. 156).

WENN MAN SCHON MAL IN ALCÂNTARA IST

+++ SEHEN +++
+++ ESSEN +++

5

+++++++++++++++++ SEHEN +++++++++++++++

MUSEU DO ORIENTE

Das Orient-Museum gehört zu den besten Sammlungen ostasiatischer Kunstwerke in Europa, darunter Seidengewänder, Porzellan und Schwerter. Der 2. Stock ist den Religionen Asiens gewidmet.

+++ AVENIDA DE BRASÍLIA - DOCA DE ALCÂNTARA +++ TRAM 15 BIS HALTESTELLE AV. INFANTE SANTO +++ 213585200 +++ MUSEUDOORIENTE.PT +++ TÄGL. (AUSSER MO) 10-18 UHR (FR BIS 22 UHR). EINLASS BIS 30 MIN. VOR SCHLUSS +++ EINTRITT 6 EURO. BIS 12 J. 2 EURO. STUDENTEN 2.50 EURO. AB 65 J. 3.50 EURO. FAMILIEN 14 EURO. BIS 5 J. SOWIE GENERELL FR 18-22 UHR FREIER EINTRITT! +++

ERMIDA DE SANTO AMARO

Bei der manieristischen Kapelle aus dem Jahr 1549 handelt es sich um einen Rundbau, eine in Portugal recht seltene Bauform. Herrliche Azulejos aus dem 16. Jahrhundert zeigen Szenen aus dem Leben des heiligen Amarus. Von der Plattform der Kapelle eröffnet sich ein prächtiger Blick auf die Tejo-Brücke und den Hafen von Alcântara.

+++ ESCADINHAS DE SANTO AMARO +++ TRAM 15 BIS HALTESTELLE SANTO AMARO +++

MUSEU DE MACAU

Das Museum ist der ehemaligen portugiesischen Kolonie Macao gewidmet und zeigt die größte Sammlung chinesischer (Handwerks-)Kunst in Portugal: Porzellan, Silberarbeiten und Fächer.

+++ RUA DA JUNQUEIRA. 30 +++ TRAM 15 BIS HALTESTELLE RUA DA JUNQUEIRA +++ 213617570 +++ CCCM.PT +++ TÄGL. (AUSSER MO UND FEI) 10-18 UHR +++ EINTRITT 3 EURO. STUDENTEN UND AB 65 J. 50 % ERMÄSSIGUNG. BIS 14 J. UND SO BIS 14 UHR FREIER EINTRITT! +++

LX FACTORY

Perfekt zum Bummeln: Auf dem ehemaligen Gelände einer Textilfirma haben sich Galerien, Buchhandlungen und Restaurants niedergelassen. Sonntags findet auf dem Gelände der Flohmarkt LX Market statt.

+++ RUA PRIMEIRO DE MAIO, 19 UND RUA RODRIGUES FARIA, 103 +++ TRAM 15 BIS HALT CALVÁRIO +++ 213143399 +++ LXFACTORY.COM +++ TÄGL. MORGENS BIS ETWA MITTERNACHT OFFEN +++

←

MUSEU NACIONAL DE ARTE ANTIGA MNAA

Im »Nationalmuseum der alten Künste« im Nachbarstadtteil Lapa hat der portugiesische Staat vor allem die Kunstschätze der bei der Säkularisierung von 1834 aufgelösten Klöster zusammengetragen und damit die bedeutendste Kunstsammlung Portugals geschaffen: darunter Knüpfteppiche, Wandschirme, Schmiedearbeiten sowie zahlreiche Gemälde. Weltbekanntes Einzelstück ist das Triptychon *Versuchung des hl. Antonius* von Hieronymus Bosch. Sehr empfehlenswert auch das Museumscafé im Garten.

+++ RUA DAS JANELAS VERDES +++ TRAM 15 BIS HALT CAIS DA ROCHA +++ MUSEUDEARTEANTIGA.PT +++ TÄGL. (AUSSER MO UND FEI) 10-18 UHR, LETZTER EINLASS 30 MIN. VOR SCHLUSS +++ EINTRITT 6 EURO, STUDENTEN, AB 65 J. SOWIE FAMILIEN 50 % ERMÄSSIGUNG, BIS 12 J. FREI +++

ESSEN

O MERCADO

Bodenständiges Restaurant in der Markthalle von Alcântara mit großer Auswahl an gut zubereiteten portugiesischen Gerichten ab 8,95 Euro.

+++ RUA LEÃO DE OLIVEIRA, MERCADO ROSA AGULHAS, LOJA 19 +++ TRAM 15 BIS HALT CALVÁRIO +++ 213649113 +++ RESTAURANTEOMERCADO.PT +++ MO-SA 7-24 UND SO 7-17 UHR +++

CAPRICCIOSA

Pizzeria in einem ehemaligen Lagerhaus mit Blick auf den Jachthafen. Lebhafte Atmosphäre. Pizzen, Nudeln und Salate ab 7,95 Euro.

+++ DOCA DE SANTO AMARO - ARMAZÉM 8 +++ TRAM 15 BIS HALT ALCÂNTARA - AV. 24 JULHO +++ 213955977 +++ GRUPOCAPRICCIOSA.PT +++ TÄGL. 12-24 UHR (FR/SA BIS 1 UHR) +++

RIO MARAVILHA

Restaurant-Bar im 4. Stock der LX Factory (Hauptgebäude, Aufzug 4. Eingang). Wunderbarer Blick, kreative portugiesische Küche mit Hauptgerichten ab 16 Euro.

+++ RUA RODRIGUES FARIA, 103, LX FACTORY - EDIFÍCIO I - ENTRADA 3 - 4º PISO +++ TRAM 15 BIS HALT CALVÁRIO +++ 966028229 +++ RIOMARAVILHA.PT +++ DI 18-2, MI-SA 12.30-2 UND SO 12.30-20 UHR +++

MALACA TOO

Asiatische Fusionsküche auf dem Gelände der LX Factory: Man speist zwischen alten Druckmaschinen. Hauptgerichte ab 10 Euro, Mo–Fr Mittagessen mit Getränk für 5,90 Euro.

+++ RUA RODRIGUES FARIA, 103, LX FACTORY +++ TRAM 15 BIS HALT CALVÁRIO +++ 213477082 +++ FACEBOOK.COM/MALACATOOLXFACTORY +++ TÄGL. 12.30-15 UND 20-23.30 UHR +++

6
BELÉM
+++ ERLEBEN +++

ETWA SIEBEN KILOMETER WESTLICH des Zentrums liegt der grüne Stadtteil Belém. Hier steht das bemerkenswerteste Bauwerk Lissabons: das Jerónimos-Kloster im verspielten manuelinischen Stil der Entdeckerzeit. Nebenan werden die besten Puddingtörtchen, die berühmten *pasteis de nata*, serviert. Schon die Könige wussten die Lage an der Tejo-Mündung zu schätzen und errichteten hier gleich zwei Königspaläste, in einem residiert heute der Staatspräsident. Auch für die sehenswerten Museen lohnt sich ein Besuch Beléms.

CENTRO CULTURAL DE BELÉM / MUSEU BERARDO

IM ARBEITSZIMMER DES PRÄSIDENTEN

EIN RUNDGANG DURCH DEN EHEMALIGEN KÖNIGSPALAST VON BELÉM

<--BELÉM

× T BELÉM

+++ **STECKBRIEF** +++
WO? PALÁCIO DE BELÉM. PRAÇA AFONSO DE ALBUQUERQUE. TRAM 15 BIS HALTESTELLE BELÉM. TEL. 213614660. MUSEU.PRESIDENCIA.PT +++ **WANN?** FÜHRUNG NUR SA 10.30, 11.30, 14.30, 15.30 UND 16.30 UHR (RESERVIERUNG EMPFOHLEN, BEI TERMINEN DES PRÄSIDENTEN KANN DER BESUCH ENTFALLEN!). DAS PRÄSIDENTENMUSEUM IST AUCH DI-FR 10-18 UHR, SA/SO 10-13 UND 14-18 UHR GEÖFFNET +++ **WIE LANGE?** ETWA ZWEI STUNDEN +++ **WIE VIEL?** EINTRITT (PALAST UND MUSEUM) 5 EURO. STUDENTEN UND AB 65 J. 3,50 EURO. BIS 14 J. FREI. FAMILIEN 14 EURO +++ **WICHTIG!** SICHERHEITSCHECKS WIE AM FLUGHAFEN. DAHER KEINE TASCHENMESSER ODER ÄHNLICHES MITNEHMEN! +++

SCHWARZE STIEFEL, weiße Hose, blaues Jackett, dazu ein vergoldeter Helm mit Schweif auf dem Kopf und ein Säbel in der Hand: Die Wachen der Nationalgarde Guarda Nacional Republicana (GNR) erinnern an den Buckingham Palace. Nur was den stoischen Blick betrifft, können die beiden Soldaten links und rechts vom Eingangstor nicht ganz mit ihrem britischen Vorbild mithalten. Hin und wieder fallen sie aus ihrer Starre.

Den rosaroten Palácio de Belém, vor dem sie platziert sind, hatte König Dom João V. im Jahr 1726 erworben. Heute dient er den portugiesischen Staatspräsidenten als Amtssitz und offizielle Wohnung, auch wenn seit der Gründung der Republik nur jeder zweite Präsident wirklich hier im Palast lebte. Manche fanden aber auch ganz besonderen Gefallen an den Räumlichkeiten in Belém: Manuel de Arriaga und Bernardino Machado feierten in den Sälen die Hochzeiten ihrer Töchter, Ramalho Eanes ließ einen Sohn in der Palastkapelle taufen.

HEUTE KOMMT MIR ZUGUTE, dass die Präsidenten Portugals traditionell viel Wert auf Bürgernähe legen. Nicht nur einmal im Jahr für einen Tag der offenen Tür wie in vielen anderen Ländern, sondern Woche für Woche öffnen sie Besuchern ihren Amtssitz und lassen tiefer in ihr Leben blicken. So dürfen samstags mehrere Gruppen im Rahmen einer Führung den Palast betreten. Der Präsident selbst ist allerdings meist nicht da.

Los geht es in der beeindruckenden Sala das Bicas: Der Kronleuchter spiegelt sich im blank polierten, schwarz-weißen Marmorboden, weiß-blaue Azulejos bedecken die Wände. Ein bisschen fühle ich mich, als würde ich durch die Abendnachrichten spazieren, denn vor dieser herrschaftlichen Kulisse geben die portugiesischen Präsidenten meist ihre Pressestatements ab.

Im ehemaligen Schlafzimmer der Könige kommt man dem Präsidenten am nächsten, denn hier steht sein Schreibtisch. An dem schweren Holzsekretär unterschreibt er Dekrete und Gesetze, gesäumt von Fahnen der EU und Portugals.

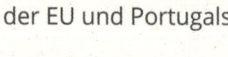

ICH STELLE MIR SEINEN ALLTAG

nicht allzu aufwühlend vor. Denn in Portugals politischem System erfüllt das Staatsoberhaupt meist nur eine repräsentative Funktion. Spannend wird es lediglich, wenn im Parlament keine Partei über eine stabile Mehrheit verfügt; dann hat der Präsident deutlich mehr Einfluss auf das Tagesgeschäft als sein deutscher Kollege.

Nach der Palastführung verschaffe ich mir weitere Eindrücke vom Leben als Staatsoberhaupt: In einem Nebengebäude zeigt das Präsidentenmuseum historische Stücke – bis hin zu dem berühmten Monokel von António de Spínola, dem ersten Präsidenten nach der Nelkenrevolution 1974 (das Monokel ist wegen der wechselnden Ausstellung allerdings nicht immer zu sehen).

Beim Schlendern über den Terrassengarten Jardim dos Buxos entdecke ich schließlich inmitten akkurat beschnittener Buchshecken eine kleine Einbuchtung mit Reliefen römischer Kaiser. Die Könige Portugals sahen sich sicher gern in dieser Tradition, zum demokratischen Ambiente will sie nicht mehr recht passen. Obwohl ... vielleicht träumen auch die bürgernahen Präsidenten Portugals hin und wieder heimlich von machtvollen Zeiten?

WENN MAN SCHON MAL HIER IST:

An jedem dritten Sonntag im Monat findet um 11 Uhr die feierliche **Wachablösung vor dem Palast** □→ statt. Im Anschluss daran spielen die Soldaten und Soldatinnen der Reitergarde Charanga a Cavalo da GNR im Park gegenüber Marschmusik – und das nach eigenen Angaben als einzige Militärreitkapelle der Welt in allen Gangarten von Schritt über Trab bis Galopp. Die Lusitaner-Pferde werden dafür prächtig herausgeputzt.

BEIM TRAINING DER BAROCK-PFERDE

IN DER STAATLICHEN HOFREITSCHULE PORTUGALS

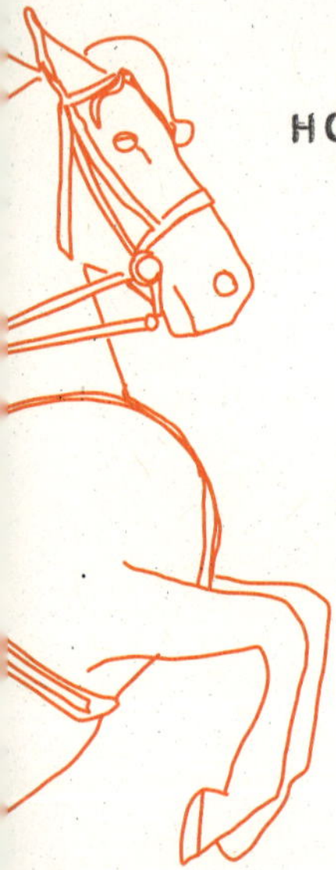

<--BELÉM

🚇 BELÉM

+ + + S T E C K B R I E F + + +
WO? PICADEIRO HENRIQUE CALADO, CALÇADA DA AJUDA, 23, TRAM 15 BIS HALTESTELLE BELÉM, TEL. 219237300, ARTEEQUESTRE.PT **+++ WANN?** DI- DO UND OFT AUCH FR/SA AB 10.30 (TOUR DURCH DIE STALLUNGEN) BZW. 11.30 UHR (TRAINING IN DER REITHALLE). DAZU UNREGELMÄSSIG VORFÜH- RUNGEN UND GALA-ABENDE **+++ WIE LANGE?** 2 BIS 3 STUNDEN **+++ WIE VIEL?** EINTRITT 8 EURO, BIS 18 J. UND AB 65 J. 6 EURO, FAMILIEN 25 EURO, BIS 5 J. FREI **+++ WICHTIG!** MIT DER APP »ARTE EQUES- TRE« (FÜR ANDROID UND IOS ERHÄLTLICH) KANN MAN WÄHREND DES TRAININGS NACHVOLLZIEHEN, WELCHE REITER UND PFERDE ANWESEND SIND **+++**

168 GÜNSTIG, FAMILIENFREUNDLICH

GEDULDIG MARSCHIERT DER REITER
neben seinem Pferd. Vorne dirigiert er den Lusitaner-Hengst mit einer kurzen Longe, hinten durch leichte Bewegungen der Gerte. Immer wieder lässt er ihn zwischen Piaffen und Trab wechseln. Monate-, manchmal jahrelang werden so die jungen Pferde auf den Einsatz in der staatlichen portugiesischen Hofreitschule vorbereitet. Erst wenn sie die Manöver verinnerlicht haben, folgt die nächste Trainingsphase der hohen Dressurschule, bei der die Reiter in den Sattel steigen.

Die anderen Pferde, die an diesem Morgen am öffentlichen Training der Escola Portuguesa de Arte Equestre teilnehmen, werden schon geritten. Es ist erstaunlich ruhig: Ein leichtes Pfeifen oder Schnalzen, eine minimale Schenkelbewegung oder ein sanftes Klopfen mit der Gerte genügt, um den Tieren zu signalisieren, was von ihnen verlangt wird.

DIE GLÄNZENDEN ZEITEN der Monarchie sind zwar seit der Ausrufung der Republik im Jahr 1910 vorbei. Doch bis heute haben die Portugiesen ihre Hofreitschule so bewahrt, wie sie im 18. Jahrhundert von König João V. und seiner österreichischen Gattin Königin Maria Anna nach dem Wiener Vorbild gegründet wurde. Eingesetzt werden nur braune männliche Lusitaner aus der Zuchtlinie Alter Real. »Eine Krise gab es im 19. Jahrhundert, da wir mit der französischen Invasion und der Flucht unseres Königshauses nach Brasilien viele Zuchtpferde verloren haben«, blickt Reitmeister João Pedro Rodrigues auf die lange Geschichte der Alter-Real-Lusitaner zurück. Der hagere Portugiese ist als »Mestre-Picador Chefe« für Training und Auftritte der Schule verantwortlich.

Fast schon detailversessen bewahrt die Escola Portuguesa de Arte Equestre die barocke Tradition: Die eleganten Uniformen und Sättel werden nach historischem Vorbild gefertigt; statt Plastikgerten verwenden die Reiter noch Weidenruten. »Einmal im Jahr bekommen wir neue, dann gibt es ein großes Hauen und Stechen zwischen den Reitern um die besten Ruten«, erzählt die Führerin bei der Tour durch die Stallungen auf der anderen Straßenseite.

WIR ERFAHREN AUCH, dass die Namen aller Pferde eines Jahrgangs immer mit demselben Buchstaben beginnen: Gahucho, Gasquete, Gázeo, Gniqui, Graínho, Groque – ein Lusitaner ist schöner als der andere.

Mit fällt auf, dass keine Frauen unter den Reitern sind. »Früher wurden tatsächlich keine Reiterinnen zugelassen«, erklärt die Führerin unserer Besuchergruppe auf Portugiesisch und Englisch. »Aber mit Mariana Santos haben wir seit 2015 die erste Frau. Und eine zweite hat ebenfalls die anspruchsvolle Aufnahmeprüfung bestanden.«

Es ist ein Vergnügen, den Reitern bei der Vorbereitung auf die monatliche Gala zuzusehen. Neben dem Passgang, einer Gangart, die nur von wenigen Pferden beherrscht wird, sieht man beim Training viele sogenannte Erhebungen. Die Levade, bei der das Pferd auf den Hinterbeinen samt Reiter im 45-Grad-Winkel nach oben geht, gilt als Markenzeichen der muskulösen und kompakten Lusitaner. Echte Höhepunkte aber sind die Luftsprünge: Bei den Ballotaden scheinen die Pferde für einen Moment zu schweben – ein beeindruckendes Spektakel!

WENN MAN SCHON MAL **HIER IST:**

Richtung Tejo sind der frühere **Königspalast von Belém** (siehe S. 164) und das **nationale Kutschenmuseum** (siehe S. 179) ☐→ nur ca. 400 Meter entfernt. In die andere Richtung erreicht man nach etwa 700 Metern noch einen ehemaligen Königspalast, den **Palácio Nacional da Ajuda** (siehe S. 180), sowie den **Jardim Botânico da Ajuda**, den ältesten botanischen Garten Portugals (tägl. 10–17 Uhr, Sa/So im April und Okt. bis 18 Uhr, Mai–Sept. Mo–Fr 10–18 und Sa/So 9–20 Uhr, 2 Euro, Familien 5 Euro, unter 6 J. frei).

VERBORGENE SCHÄTZE

IM KELLER DES NATIONALEN VÖLKERKUNDEMUSEUMS

ESTÁDIO DO RESTELO B   <--BELÉM

+++ **STECKBRIEF** +++
WO? MUSEU NACIONAL DE ETNOLOGIA. AVENIDA ILHA DA MADEIRA. BUS 728 AB U CAIS DO SODRÉ BIS HALT ESTÁDIO DO RESTELO. TEL. 213041160. MNETNOLOGIA.WORDPRESS.COM +++ **WANN?** MI-FR AUF ENGLISCH ODER MI-SO AUF PORTUGIESISCH UND FRANZÖSISCH (JEWEILS 10-18 UHR) +++ **WIE LANGE?** ETWA ZWEI STUNDEN +++ **WIE VIEL?** 60 EURO PRO GRUPPE +++ **WICHTIG!** VORHERIGE ANMELDUNG PER MAIL (VISITASGUIADAS@MNETNOLOGIA.DGPC.PT) UNBEDINGT NÖTIG. DER EINTRITTSPREIS FÄLLT PRO GRUPPE AN. ES GIBT KEINE MINDESTTEILNEHMERZAHL FÜR DIE KELLERDEPOT-FÜHRUNGEN! +++

KNALLEND ist die schwere Brandschutztür hinter uns ins Schloss gefallen. Zusammen mit meinen beiden Begleitern vom Besucherdienst des Nationalen Völkerkundemuseums gehe ich das kahle Treppenhaus nach unten. Es könnte auch der Weg zu einem Parkdeck in einer x-beliebigen Tiefgarage sein. Doch hinter den nächsten Türen wartet die vielleicht spannendste ethnologische Sammlung Portugals.

Hier, im ersten Kellerdepot des Museu Nacional de Etnologia, den sogenannten »Galerias da Vida Rural«, sind Tausende landwirtschaftliche Geräte ausgestellt. Mein erster Blick fällt auf eine riesige Sammlung von Holzpflügen. In der grundsätzlichen Konstruktion ähneln sie sich alle, doch beim genaueren Hinsehen entdecke ich viele abweichende Details, von der ganz unterschiedlichen Krümmung der Sterzen (Haltegriffe) bis hin zu den vielfältigen Formen der Schar.

DIE SCHILFHÜTTEN, die Wanderschäfer als mobilen Unterstand zum Schutz gegen Wind und Regen verwendet haben, erscheinen mir besonders kurios. Doch auch ganze Ochsenkarren und komplexe Mühlwerke gibt es hier zu bestaunen.

Der britische Produktdesigner Jasper Morrison – von ihm stammt unter anderen das Design der Stadtbahnen in Hannover – war von seinem Besuch so beeindruckt, dass er den hier ausgestellten Landwirtschaftsgeräten mit *The Hard Life* einen eigenen Bildband widmete. Der Name des Buches kommt nicht von ungefähr: Die meisten Utensilien waren in Portugal noch im Gebrauch, als in Mitteleuropa schon längst Maschinen und Traktoren die Ochsen und Pferde abgelöst hatten.

»Die langsame Mechanisierung der portugiesischen Landwirtschaft war geradezu ein Geschenk für unsere Völkerkundler«, erläutert einer der beiden Führer. »Ende der 40er-Jahre machte sich eine kleine Gruppe portugiesischer Ethnologen auf den Weg und kaufte im ganzen Land – von der Algarve im Süden bis zum Minho im Norden, aber auch auf Madeira und den Azoren – den Bauern systematisch ihre Arbeitsgeräte ab.« Vor allem in den 60er- und 70er-Jahren legte man so den Grundstock zu der Sammlung.

JE LÄNGER ICH zwischen den beeindruckenden Exponaten stehe, desto mehr frage ich mich, warum diese Kollektion nicht bekannter ist. Sie schlägt jedes Heimatmuseum mit links! Nichts gegen die ständige Ausstellung im Erdgeschoss mit ihren Puppen aus Südangola und den Theatermasken aus Mali: Sie ist sicher sehenswert, aber hier im Keller spielt die Musik.

Denn mit den »Galerias da Amazónia« ist auch das zweite Kellerdepot, das nur im Rahmen der Sonderführungen offensteht, hochinteressant: 2.000 Objekte wie Federschmuck, Fruchtbarkeitsamulette und Totenkopftrophäen der Waurà, eines indigenen Volkes aus dem Amazonasgebiet!

»Warum, um Himmels willen, macht ihr diese Sammlungen nicht ständig zugänglich?«, platzt es aus mir heraus. »Wir würden ja gerne, aber beide sind so umfangreich, dass wir viel mehr Personal und Räume bräuchten«, so die ernüchternde Antwort. Das nötige Geld dafür wird das Museum auf absehbare Zeit nicht bekommen, und so bleibt auch künftig nur der Gang in den Keller, um die wahren Schätze zu heben.

WENN MAN SCHON MAL HIER IST:

Wer etwa 700 Meter Richtung Westen geht, entdeckt am Ende der Straßen Rua Rui Pereira und Rua Pêro da Covilhã einen Hügel mit herrlicher Aussicht Richtung Tejo-Mündung. Auf seiner Spitze steht die Kapelle **Ermida de Belém** □→. Das Kloster **Mosteiro dos Jerónimos** liegt unterhalb des Völkerkundemuseums. Wem die Schlange vor dem Kreuzgang zu lange ist, der sollte zumindest den kostenlosen Abstecher in die Klosterkirche unternehmen (siehe S. 178).

WENN MAN SCHON MAL IN BELÉM IST

+++ SEHEN +++
+++ ESSEN +++

SEHEN

MOSTEIRO DOS JERÓNIMOS

Das Hieronymiten-Kloster gilt als vollendetes Werk der Manuelinik, der portugiesischen Variante der Spätgotik. Besonders sehenswert ist der märchenhaft verspielte Kreuzgang. In den Nebenflügeln findet man das nationale Archäologie-Museum und das Museu de Marinha mit seiner interessanten Schifffahrtsausstellung.

+++ PRAÇA DO IMPÉRIO +++ TRAM 15 BIS HALTESTELLE MOSTEIRO DOS JERÓNIMOS +++ 213620034 +++ MOSTEIROJERONIMOS.PT +++ TÄGL. (AUSSER MO UND FEI) 10-17.30 UHR (MAI-SEPT. BIS 18.30 UHR). LETZTER EINLASS 30 MIN. VOR SCHLUSS +++ FREIER EINTRITT IN DIE KIRCHE. EINTRITT KREUZGANG 10 EURO. AB 65 J. SOWIE FAMILIEN AB 2 KINDERN 50 % ERMÄSSIGUNG. BIS 12 J. FREI. KOMBITICKET MIT MUSEU NACIONAL DE ARQUEOLOGIA 12 EURO. MUSEU DE MARINHA EINTRITT 6.50 EURO +++

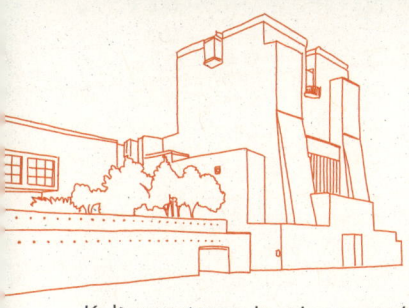

CENTRO CULTURAL DE BELÉM / MUSEU BERARDO

Kulturzentrum in einem architektonisch interessanten Marmor-Neubau. Hier finden Konzerte statt, außerdem stellt der Finanzinvestor Joe Berardo in diesem Gebäude Portugals beste Sammlung moderner Kunst aus

+++ PRAÇA DO IMPÉRIO +++ TRAM 15 BIS HALTESTELLE CENTRO CULTURAL DE BELÉM +++ 213612878 +++ CCB.PT UND MUSEUBERARDO.PT +++ TÄGL. 10–19 UHR (NUR WEIHNACHTEN UND NEUJAHR GESCHL.). LETZTER EINLASS 30 MIN. VOR SCHLUSS +++ EINTRITT 5 EURO. BIS 18 UND AB 65 J. SOWIE STUDENTEN 50% ERMÄSSIGUNG. BIS 6 J. FREI. SA GENERELL FREIER EINTRITT! +++

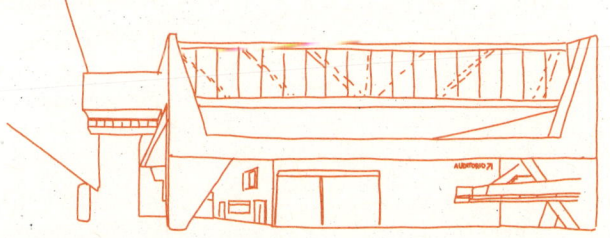

MUSEU NACIONAL DOS COCHES

Das Museum zeigt die weltweit führende Sammlung historischer Kutschen in zwei getrennten Gebäuden.

+++ AV. DA ÍNDIA. 136 UND PRAÇA AFONSO DE ALBUQUERQUE +++ TRAM 15 BIS HALTESTELLE BELÉM +++ 210732319 +++ MOSTEIROJERONIMOS.GOV.PT +++ TÄGL. (AUSSER MO UND FEI) 10–18 UHR. LETZTER EINLASS 30 MIN. VOR SCHLUSS +++ EINTRITT FÜR BEIDE MUSEUMSTEILE 10 EURO. AB 65 J., STUDENTEN SOWIE FAMILIEN 50% ERMÄSSIGUNG. BIS 12 J. FREI +++

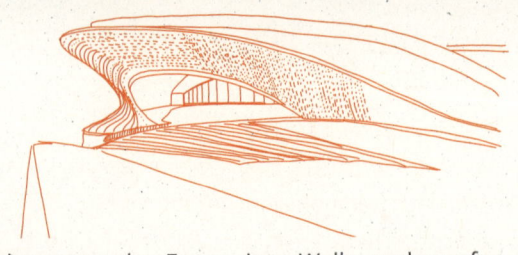

MAAT

In dem eleganten, der Form einer Welle nachempfundenen Gebäude finden Ausstellungen zu den Themen Kunst, Architektur und Technologie statt. Zum Museumskomplex gehört das ehemalige Kohlekraftwerk Central Tejo nebenan – ein spannendes Industriedenkmal!

+++ AV. DE BRASÍLIA, CENTRAL TEJO +++ TRAM 15 BIS HALTESTELLE BELÉM +++ 210028130 +++ WWW.MAAT.PT +++ TÄGL. (AUSSER DI UND FEI) 11-19 UHR +++ EINTRITT 5 EURO. STUDENTEN UND RENTNER 50% ERMÄSSIGUNG. UNTER 18 J. FREI. KOMBITICKET MIT CENTRAL TEJO 9 EURO. AM ERSTEN SO IM MONAT GENERELL FREI! +++

PALÁCIO NACIONAL DA AJUDA

Der große weiße Bau aus dem Jahr 1795 war Sitz der letzten portugiesischen Könige. Zu sehen ist eine Fülle prächtiger Säle, Möbelstücke und Kunstwerke. Der Westflügel war unvollendet geblieben, soll aber in den nächsten Jahren zu Ende gebaut werden.

+++ LARGO DA AJUDA +++ AB U CAIS DO SODRÉ MIT BUS 760 BIS HALTESTELLE LG. AJUDA (PALÁCIO) ODER MIT TRAM 18 +++ 213637095 +++ PALACIOAJUDA.GOV.PT +++ TÄGL. (AUSSER MI UND FEI) 10-18 UHR. LETZTER EINLASS 30 MIN. VOR SCHLUSS +++ EINTRITT 5 EURO. AB 65 J., STUDENTEN SOWIE FAMILIEN 50% ERMÄSSIGUNG. BIS 12 J. FREI. KOMBITICKET MIT MUSEU NACIONAL DOS COCHES 12 EURO +++

ESSEN

PASTÉIS DE BELÉM
Legendäre Konditorei: Hier werden die originalen *pastéis de nata* nach traditionellem Rezept der Mönche des Jerónimos-Klosters hergestellt. Zum Mitnehmen in der Schlange anstellen, ansonsten einfach an einen Tisch setzen.
+++ RUA DE BELÉM, 84-92 +++ TRAM 15 BIS HALTESTELLE MOSTEIRO DOS JERÓNIMOS +++ 213637423 +++ PASTEISDEBELEM.PT +++ TÄGL. 8-23 UHR (JULI-SEPT. BIS 24 UHR, AN FEI NUR BIS 19 UHR) +++

ENOTECA DE BELÉM
Gehobenes Lokal östlich der Pastéis de Belém. Erstklassige, modern interpretierte Gerichte aus Portugal ab 18,50 Euro. Kleine Portionen, große Weinkarte.
+++ TRAVESSA DO MARTA PINTO, 12 +++ TRAM 15 BIS HALTESTELLE MOSTEIRO DOS JERÓNIMOS +++ 213631511 +++ FACEBOOK.COM/ENOTECABELEM +++ TÄGL. 13-22.30 UHR (KÜCHE DURCHGEHEND) +++

TOPO BELÉM
Aussichtsbar und -restaurant im 3. Stock des Kulturzentrums (Eingang »Centro de Reuniões«, dann Aufzug). Herrliche Terrasse mit Tejo-Blick.
+++ CENTRO CULTURAL DE BELÉM +++ TRAM 15 BIS HALTESTELLE CENTRO CULTURAL DE BELÉM +++ 213010524 +++ FACEBOOK.COM/TOPOLISBOA +++ TÄGL. 12.30-24 UHR (FR/SA BIS 2 UHR) +++

À MARGEM
Café direkt am Tejo-Ufer westlich des Denkmals der Entdecker. Schöner Flussblick.
+++ DOCA DO BOM SUCESSO +++ TRAM 15 BIS HALTESTELLE CENTRO CULTURAL DE BELÉM +++ 918620032 +++ AMARGEM.COM +++ TÄGL. 10-22 UHR (FR/SA BIS 1, SO BIS 21 UHR) +++

7
IM NORDEN UND OSTEN LISSABONS
+++ ERLEBEN +++

7

GANZ IM NORDOSTEN LISSABONS, am Ufer des Tejo, liegt mit dem Parque das Nações Lissabons modernster Stadtteil auf dem Gelände der Weltausstellung von 1998. Höhepunkt ist das größte Meeresaquarium Europas.

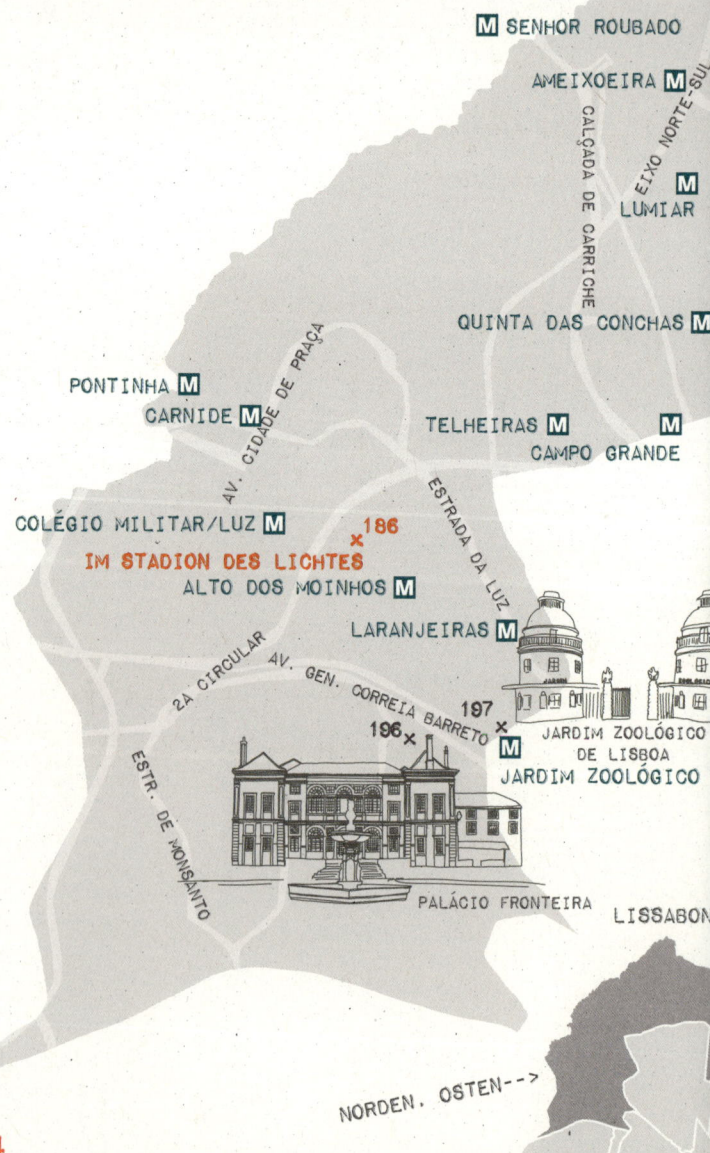

IM STADION DES LICHTES

ANSONSTEN schrecken die meisten Viertel im Norden und Osten der Stadt mit ihren Wohnblöcken eher ab. Dazwischen sind aber auch hier Sehenswürdigkeiten wie der geschichtsträchtige Fronteira-Palast, das Nationalmuseum für Fliesenkunst oder der Ostfriedhof Alto de São João versteckt.

IM STADION DES LICHTES

EIN SPIEL BEI BENFICA LISSABON

<-- NORDEN, OSTEN

COLÉGIO MILITAR/LUZ
Ⓜ ✕
  Ⓜ ALTO DOS MOINHOS

+++ **STECKBRIEF** +++
WO? ESTÁDIO DA LUZ. AV. EUSÉBIO DA SILVA FERREIRA. Ⓤ ALTO DOS MOINHOS ODER COLÉGIO MILITAR/LUZ. TEL. 707200100. SLBENFICA.PT +++ **WANN?** PORTUGIESISCHE LIGA-SPIELE FINDEN MEIST ZWISCHEN FREITAG UND MONTAG STATT +++ **WIE LANGE?** CA. ZWEIEINHALB STUNDEN +++ **WIE VIEL?** KARTEN AB 20 EURO (VERKAUF AUCH IM BENFICA OFFICIAL STORE. RUA DAS PORTAS DE SANTO ANTÃO. 55. Ⓤ RESTAURADORES) +++ **WICHTIG!** DIE GÜNSTIGEREN TICKETS (»SÓCIOS«) SIND FÜR VEREINSMITGLIEDER RESERVIERT (AUSWEISKONTROLLE BEIM EINLASS) +++

FAMILIENFREUNDLICH

ÜBER MIR ERTÖNT EIN KLACKEN, als sich die Käfigtüre öffnet. Aus dem Augenwinkel sehe ich zwei große Schwingen. Der Adler, das stolze Wappentier des größten Fußballclubs Portugals, setzt zum Flug an. Majestätisch und beinahe lautlos gleitet er an den oberen Rängen entlang, hin und wieder blickt er zum Spielfeld hinunter, auf dem exakt auf dem Anstoßpunkt eine mannshohe Replik des Vereinssymbols von Benfica steht. Gebannt verfolgen wir die Flugbahn, einige Zuschauer ziehen ihre Smartphones hervor und filmen.

Für einen Moment herrscht in dem sonst so höllisch lauten »Estádio da Luz«, dem »Stadion des Lichtes«, gespannte Stille. Doch kaum ist der Adler nach ein paar Runden auf dem Vereinssymbol in der Spielfeldmitte gelandet, erwacht das Stadion.

TOSENDER APPLAUS brandet durch das rot-weiße, komplett überdachte Rund. Der Stadionsprecher heizt die über 63.000 Zuschauer an. »Benfiiiiica«, brüllt er ins Mikrofon. »Benfiiiiica«, schallt es von den Tribünen zurück. Hin und her wallen die Anfeuerungsrufe durch die voll besetzte Arena.

Meine Nachbarn springen auf, spannen ihre Vereinsschals über dem Kopf auf, die Arme weit ausgestreckt. »Benfica Glorioso« (»Glorreiches Benfica«) steht auf dem einen, »Sport Lisboa e Benfica«, der offizielle Name des Clubs, auf dem anderen. An den Absperrgittern haben die Ultras ein Banner mit »E pluribus unum«, dem lateinischen Motto Benficas, befestigt: »Aus der Vielfalt die Einheit.« Das ganze Stadion ist jetzt in ein Meer aus Rot getaucht. Zeit für die Vereinshymne! »Sou do Benfica.«

Ihre Schals in den Händen, stimmen Tausende die erste Strophe an: »Ich gehöre zu Benfica.« Und weiter: »Sou de um clube lutador que na luta com fervor nunca encontrou rival neste nosso Portugal.« Die Fans schmettern es voller Inbrunst. »Mein Club ist ein Club der Kämpfer, so kämpferisch, dass er in unserem Portugal keinen ebenbürtigen Rivalen gefunden hat.« Ich bin trotz des Pathos ergriffen, die Ultras dagegen zünden Bengalos und laute Böller.

IN PORTUGAL IST BENFICA klar die Nummer eins, nur der FC Porto kann mithalten. Doch international klappt es nicht mehr mit Titeln, seit die Mannschaften um die Spielerlegenden Mário Coluna und Eusébio da Silva Ferreira 1961 und 1962 zweimal den Europapokal gewonnen haben. Danach hatte der ungarische Trainer Béla Guttmann den Verein im Streit verlassen, da ihm eine Gehaltserhöhung verweigert worden war. Hundert Jahre lang werde Benfica in Europa keinen Titel mehr holen, prophezeite er. Achtmal hat Benfica seitdem in einem europäischen Finale verloren.

Den Fans ist das egal. »SLB, SLB, SLB« – mit dem Vereinskürzel peitschen sie ihren Club nach vorne. Nach jedem Tor verwandelt sich das »Stadion des Lichtes« in einen Hexenkessel. Zehntausende brüllen, schreien und trampeln mit den Füßen: Meine Tribüne fängt an zu beben. Eines ist klar: Die Hoffnung auf den internationalen Titel stirbt bei Benfica nie!

WENN MAN SCHON MAL HIER IST:

Glanz und Gloria Benficas lassen sich bei einer **Stadionführung** (auch auf Englisch) oder im **Vereinsmuseum** erleben. Stadionführungen tägl. 10–19 Uhr (nicht an Spieltagen), Museum tägl. 10–18 Uhr. Kombiticket 17,50 Euro (ab 65 J., bis 13 J. und für Familien Ermäßigungen, bis 2 J. frei). Auch bei **Sporting** ⧉→, der Nummer 2 der Stadt, kann man sich durchs Stadion führen lassen und die Pokale in einem Museum bewundern (U Campo Grande, sporting.pt).

IM SCHWEBEZUSTAND

EINE FAHRT MIT DER SEILBAHN IM PARQUE DAS NAÇÕES

<--NORDEN, OSTEN

ORIENTE M

+ + + S T E C K B R I E F + + +
WO? PASSEIO DAS TÁGIDES. U ORIENTE . TEL. 218956143. TELECABINELISBOA.PT +++ WANN? TÄGL. 11-19 UHR (JUNI BIS MITTE SEPT. 10.30-20 UHR. MITTE OKT. BIS MITTE MÄRZ 11-18 UHR) +++ WIE LANGE? 20 MINUTEN (HIN UND ZURÜCK) +++ WIE VIEL? CA. 4 EURO EINFACH. HIN UND ZURÜCK CA. 6 EURO. BIS 12 J. UND AB 65 J. JE 33% ERMÄSSIGUNG. BIS 6 J. FREI +++ WICHTIG! BEI STURM GESCHLOSSEN! +++

190 GÜNSTIG. FAMILIENFREUNDLICH

EIN RUCKELN UND RUMPELN, und los geht die Fahrt: »Tram-Tram« klingen die Rollen, als die Gondel die Stützen passiert. Ich denke automatisch an Skipisten, Bergpanoramen und Winterjacken, sitze hier aber bei gefühlten 35 Grad im T-Shirt und schaue auf die Skyline Lissabons.

Das Geräusch irritiert mich ein wenig. »Tram-Tram.« Wieder hat meine Kabine eine Stütze passiert. Auf einem Schild in der Kabine lese ich »Doppelmayr«. Auf dem Weg von meiner Heimat am Bodensee in die Skigebiete Vorarlbergs bin ich früher oft an der Fabrik dieses Herstellers vorbeigefahren. Ich sehe den Tejo und fühle Arlberg.

Mit meinem Gedanken, wie skurril es doch ist, im Osten Lissabons in dieser österreichischen Seilbahn zu sitzen, bin ich ganz alleine. Acht Personen passen theoretisch in jede Kabine. Der Besucherandrang bei der Telecabine Lisboa hält sich heute aber in Grenzen.

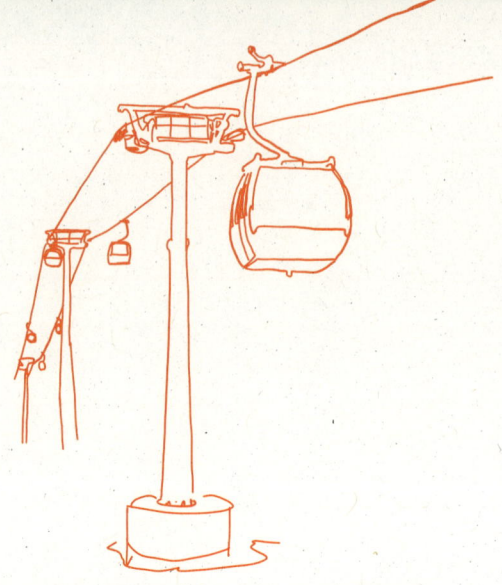

»TRAM-TRAM.« So langsam gewöhne ich mich daran. Die Gondel gewinnt an Höhe, 30 Meter sind es inzwischen bis zum Boden. Ich spähe aus dem Fenster und erblicke linker Hand den quadratischen Bau des Ozeanariums. Der englische Architekt Peter Chermayeff hat ihn mitten auf die Wasserfläche der Doca dos Olivais gesetzt. Rechter Hand breitet sich das Tejo-Binnenmeer vor mir aus. Dahinter, am Horizont, kann ich den Burgberg von Palmela und die Berge der Serra da Arrábida ausmachen, direkt vor mir spannt sich die Ponte Vasco da Gama über den Fluss. Mit ihren 17,1 Kilometern ist sie die längste Brücke Europas. Ihre Fahrbahn verläuft beinahe über die gesamte Strecke nur knapp über der Wasseroberfläche, aber hier, in der Nähe des Parque das Nações, schwingt sie sich nach oben und erlaubt den Schiffen die Passage. Das »Tram-Tram« reißt mich aus den Gedanken, die Gondel hat die nächste Stütze passiert, und linker Hand kommt eines der außergewöhnlichsten Gebäude dieses modernsten Stadtteils von Lissabon ins Blickfeld: die Altice Arena, Lissabons größte Mehrzweckhalle, europaweit berühmt geworden, als hier das Finale des Eurovision Song Contests 2018 stattfand. Sie erinnert an einen riesigen, gestrandeten Wal.

BEKANNT IST DIE HALLE auch als Pavilhão Atlântico (»atlantischer Pavillon«), das war ihr offizieller Name während der EXPO 98. Zur Weltausstellung baute man damals auch Seilbahn, Ozeanarium und die Feira Internacional de Lisboa (FIL), das Messegelände Lissabons, an dem meine Gondel gerade vorbeizieht.

Im Gegensatz zu Hannover oder Sevilla hatten sich die Lissabonner Organisatoren vor der EXPO für fast alle Gebäude eine Nachnutzung überlegt. So kam im ehemaligen Haupteingang mit dem Centro Comercial Vasco da Gama eines der modernsten Einkaufszentren der Stadt unter. In seinem Umfeld sind seitdem zahlreiche moderne Bürobauten entstanden.

Unter mir, an der Restaurantmeile am Passeio das Tágides, stehen einige Lokale leer, aber alles in allem herrscht reges Treiben. Dann taucht direkt vor mir das höchste Gebäude der Weltstadt auf. Das Myriad Hotel. Bevor ich weitere Bauten identifizieren kann, ist die Fahrt zu Ende. Ziemlich flott war die Seilbahn auf der 1,2 Kilometer langen Strecke unterwegs. Aber ich habe ja noch das Ticket für die Rückfahrt.

WENN MAN SCHON MAL **HIER** IST:

Der Besuch des **Parque das Nações** lohnt sich besonders für Architekturinteressierte: Nirgendwo sonst in Lissabon wurden so viele anspruchsvolle moderne Bauten auf so engem Raum errichtet. Nicht verpassen sollte man den **Bahnhof Gare do Oriente** ⟶ des spanischen Architekten Santiago Calatrava sowie den vom Portugiesen Álvaro Siza Vieira entworfenen **Pavilhão de Portugal** mit seinem filigranen, weit gespannten Vordach aus Beton.

WENN MAN SCHON MAL IM NORDEN UND OSTEN IST

+++ SEHEN +++
+++ ESSEN +++

SEHEN

□↑
PALÁCIO FRONTEIRA

Dieses herrschaftliche Anwesen mit seinen akkurat gepflegten Gartenanlagen dient der adligen Familie Marquês de Fronteira seit dem 17. Jahrhundert als Wohnsitz und gehört zu den schönsten Palästen Lissabons mit herrlichen Fliesenbildern.

+++ LARGO SÃO DOMINGOS DE BENFICA +++ U JARDIM ZOOLÓGICO (DANN CA. 15 MIN. ZU FUSS VIA RUA DAS FURNAS UND RUA DE SÃO DOMINGOS DE BENFICA SOWIE BAHNÜBERFÜHRUNG) +++ 217782023 +++ FRONTEIRA-ALORNA.PT +++ FÜHRUNGEN TÄGL. (AUSSER SO UND FEI) 11 UND 12 UHR. JUNI-SEPT. AUCH 10.30 UND 11.30 UHR. IM SOMMER VOR BESUCH AM SA BESSER NACHFRAGEN, DA OFT WEGEN PRIVATER VERANSTALTUNGEN GESCHLOSSEN +++ PALAST UND GARTEN 9 EURO. NUR GARTEN 4 EURO. KEINE ERMÄSSIGUNGEN +++

OCEANÁRIO

Das größte Meeresaquarium Europas ist zu Recht eine der Hauptsehenswürdigkeiten der Stadt. Im zentralen Tank schwimmen Haie, Rochen und Makrelen, heimliche Stars sind aber die Otter in einem der vier Nebentanks.

+++ ESPLANADA D. CARLOS I. DOCA DOS OLIVAIS. PARQUE DAS NAÇÕES +++ U ORIENTE +++ 218917000 +++ OCEANARIO.PT +++ TÄGL. 10–19 UHR (IM SOMMER BIS 20 UHR). LETZTER EINLASS 1 STD. VOR SCHLUSS +++ EINTRITT 15 EURO. BIS 12 J. UND AB 65 J. 10 EURO. BIS 3 J. FREI. FAMILIENTICKET 39 EURO. ONLINE 10% RABATT +++

JARDIM ZOOLÓGICO DE LISBOA

Der Zoo beherbergt etwa 330 Tierarten, darunter viele Antilopen und Papageien. Sehenswert: die großzügige Affenanlage. Mit einer offenen Gondelbahn kann man das grüne Gelände überfliegen.

+++ PRAÇA MARECHAL HUMBERTO DELGADO +++ U JARDIM ZOOLÓGICO +++ ZOO.PT +++ TÄGL. 10–20 UHR. EINLASS BIS 18.45 UHR. VOM 21. SEPT. BIS 20. MÄRZ NUR BIS 18 UHR (EINLASS BIS 17.15 UHR) +++ EINTRITT 22 EURO. AB 65 J. 16 EURO. BIS 12 J. 14,50 EURO. BIS 2 J. FREI +++

CEMITÉRIO DO ALTO DE SÃO JOÃO

Der größte Friedhof der Stadt mit zahlreichen monumentalen Gräbern. Gleich links neben dem Eingang steht die beeindruckende neomanuelinische Grabkapelle der katholischen Wohlfahrtsorganisation Santa Casa da Misericórdia, rechts gegenüber befindet sich die Gruft des Grafen von Valbom.

+++ PARADA DO ALTO DE SÃO JOÃO +++ AB U SALDANHA MIT BUS 742 (RICHTUNG BAIRRO MADRE DE DEUS) BIS HALTESTELLE CEMITÉRIO ALTO S. JOÃO +++ TÄGL. 9-17 UHR (MAI-SEPT. BIS 18 UHR). LETZTER EINLASS 30 MIN. VOR SCHLUSS +++ EINTRITT FREI! +++

MUSEU NACIONAL DO AZULEJO

Spannend: Dieses Museum dokumentiert die Geschichte der typisch portugiesischen Fliesen. Angeschlossen ist die sehenswerte ehemalige Klosterkirche Igreja da Madre de Deus aus dem Jahr 1509, ebenfalls mit sehenswerten Azulejos geschmückt.

+++ RUA DA MADRE DE DEUS. 4 +++ AB U SALDANHA MIT BUS 742 (RICHTUNG BAIRRO MADRE DE DEUS) BIS HALTESTELLE IGREJA MADRE DEUS +++ 218100340 +++ WWW.MUSEUDOAZULEJO.PT +++ TÄGL. (AUSSER MO UND FEI) 10-18 UHR. LETZTER EINLASS 30 MIN. VOR SCHLUSS +++ EINTRITT 5 EURO. AB 65 J., STUDENTEN SOWIE FAMILIEN 50% ERMÄSSIGUNG. BIS 12 J. FREI +++

ESSEN

VOLVER DE CARNE Y ALMA

»Argentinien verschmilzt mit Portugal« ist das Motto dieses Luxusrestaurants (Reservierung!), und so gibt es neben Steaks ab 19,75 Euro hin und wieder auch Tango-Abende.

+++ RUA LUÍS DE FREITAS BRANCO, 5D +++ U LUMIAR +++ 217598980 +++ VOLVER.PT +++ MO-FR 12.30-15.30 UND MO-SA 19.30-0.30 UHR, KÜCHE NUR BIS 22.30 UHR (FR/SA BIS 23 UHR) +++

CANTINHO DO AVILLEZ

Restaurant des Starkochs José Avillez mit Tejo-Blick und überdachter Terrasse. Gehobene, aber zwanglose Atmosphäre, bei der man ab 14 Euro die portugiesische Küche mit asiatischen und brasilianischen Einflüssen genießen kann.

+++ RUA DO BOJADOR, 55 +++ U ORIENTE +++ 218700365, +++ CANTINHODOAVILLEZ.PT +++ TÄGL. 12-15 UND 18-23 UHR (SA/SO DURCHGEHEND) +++

PAÇO DE CARNIDE

Landestypisches Restaurant mit reichhaltigen Gerichten ab 8,50 Euro. Spezialität des Hauses sind Sardinen, man kann sich auch Steaks zum Selberbraten bestellen (*naco na pedra*).

+++ RUA DO NORTE, 11 +++ U CARNIDE +++ 217161144 +++ FACEBOOK.COM/288142191229644 +++ TÄGL. (AUSSER SO) 12-15 UND 19-22 UHR +++

HONORATO RIO

Burger-Braterei mit zahlreichen weiteren Filialen in der Stadt. Hamburger ab 8,50 Euro von klassisch über Kreationen mit Gorgonzola bis zu vegetarisch. Toller Blick auf das Tejo-Binnenmeer und das Ozeanarium von den Tischen an der Fensterfront sowie auf der großen Terrasse.

+++ ALAMEDA DOS OCEANOS LOTE 2.11.01. - FRACÇÃO F/G +++ U ORIENTE +++ 218967207 +++ HONORATO.PT +++ TÄGL. 12-24 UHR (FR/SA BIS 2 UHR) +++

AN DER COSTA DE LISBOA

+++ ERLEBEN +++

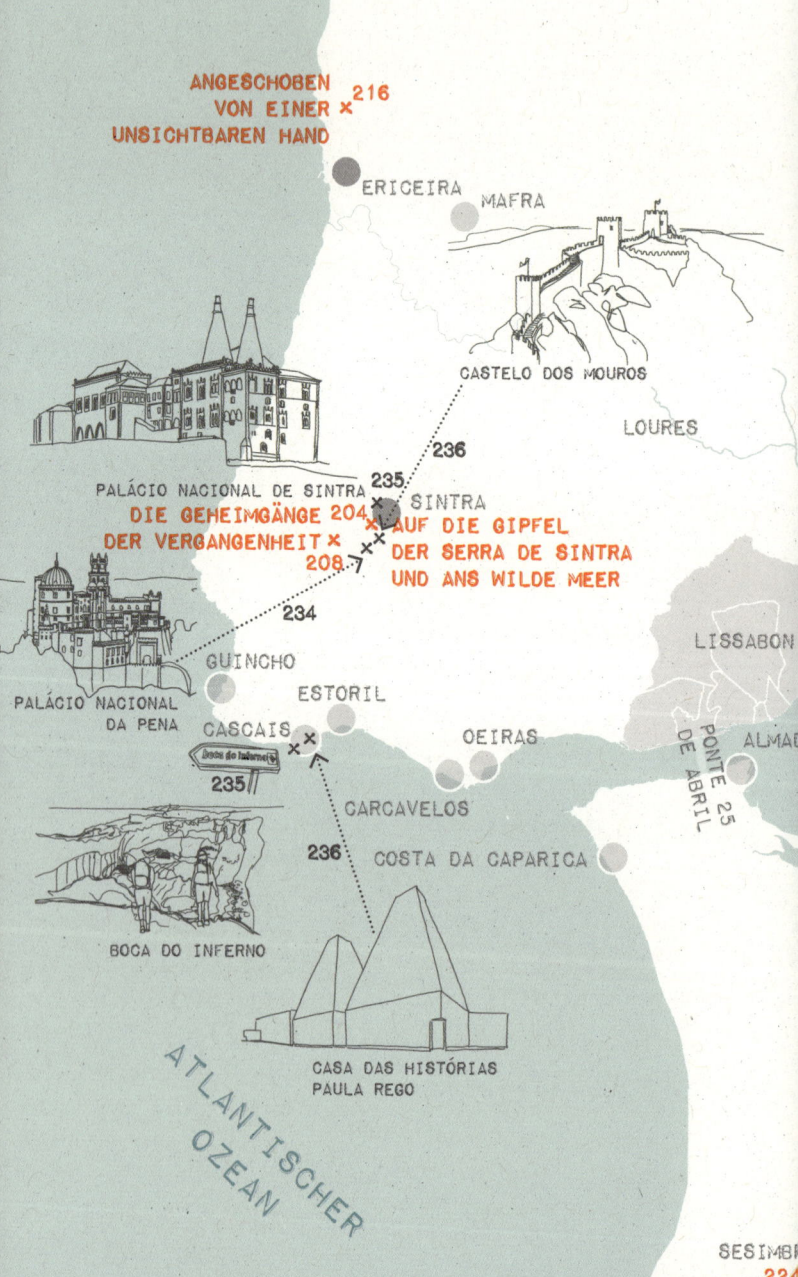

VILA FRANCA
DE XIRA

212 ×
SCHLEIEREULEN,
STÖRCHE UND
FLAMINGOS

TEJO

PONTE VASCO
DA GAMA

ALCOCHETE

MONTIJO

DIE KÜSTE UM LISSABON

gehört zu den schönsten Landschaften Portugals: lange Sandstrände wechseln sich mit versteckten Felsbuchten ab. Dazwischen erstrecken sich mehrere Gebirgszüge, die teils spektakulär in den Ozean abfallen. Auch die Städte im Umland wie Sintra, Cascais oder Setúbal sind sehenswert. Sintra im Nordwesten gehört mit seinen Königsschlössern dabei in jedes Besuchsprogramm. Auch Naturliebhaber kommen voll auf ihre Kosten: Hier kann man ganz wunderbar Vögel und Delfine beobachten.

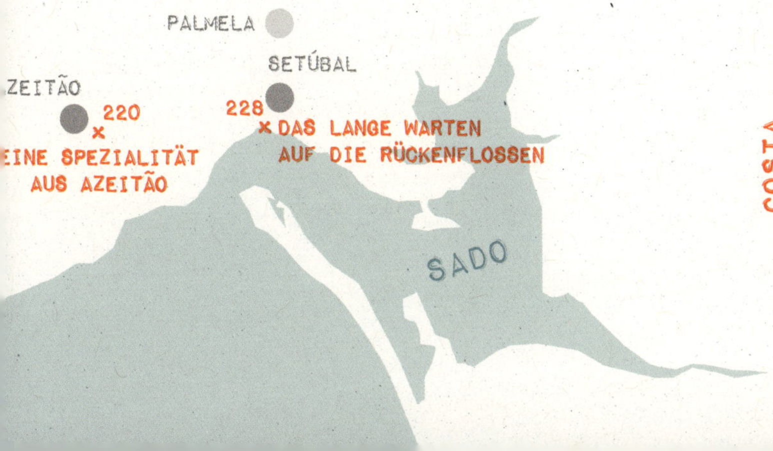

COINA

PALMELA

SETÚBAL

AZEITÃO
220 ×
EINE SPEZIALITÄT
AUS AZEITÃO

228 × DAS LANGE WARTEN
AUF DIE RÜCKENFLOSSEN

SADO

COSTA DE LISBOA

AUF DIE GIPFEL DER SERRA DE SINTRA UND ANS WILDE MEER

MIT DEM RAD ENTLANG DER COSTA DE LISBOA

<--SINTRA
<--LISSABON
<--GUINCHO
<--CASCAIS

+ + + STECKBRIEF + + +

WO? FAHRRÄDER KANN MAN BEI BIKE IBERIA (LARGO DO CORPO SANTO, METRO CAIS DO SODRÉ, LISBONHUB.COM) LEIHEN. DANN GEHT ES VOM BAHNHOF ROSSIO MIT DEM ZUG NACH SINTRA (GESONDERTE ZUGANGSSCHRANKEN FÜR RÄDER BEACHTEN, CP.PT) **+++ WIE LANGE?** ETWA 6 STUNDEN FÜR DIE REINE STRECKE VON CA. 40 KM **+++ WIE VIEL?** MIETE TOURENRAD 25 EURO PRO TAG, E-BIKE 35 EURO (INKL. HELM). BAHNFAHRT LISSABON-SINTRA UND CASCAIS-LISSABON JE CA. 2,50 EURO (RADTRANSPORT KOSTENLOS) **+++**

PORTUGAL IST sicher kein typisches Radland, aber die breiten Zugangsschleusen für Räder am Lissabonner Bahnhof Rossio und in Sintra sind schon eine feine Sache. Zudem muss ich, um das Rad im Vorortzug mitzunehmen, nicht einmal eine zusätzliche Fahrkarte für den Transport lösen! Erste Zweifel kommen mir dann aber gleich in Sintra, als ich auf die Steige in Richtung des Pena-Königspalastes einbiege. Der extrem steile Schlängelkurs (Calçada da Pena) hoch in das Gebirge der Serra de Sintra will gar kein Ende nehmen. Hätte ich doch besser ein E-Bike ausleihen sollen? Mein sportlicher Ehrgeiz sagt Nein, ich strample tapfer weiter, erhebe mich aus dem Sattel. Doch in der vorletzten Kehre kann ich nicht mehr und schiebe das Rad die verbleibenden Meter bis zu meinem ersten Zwischenziel, dem Parque da Pena.

AM SCHATTIG GELEGENEN NEBENEINGANG,

Portão dos Lagos, lasse ich das Rad stehen (es ist im Parque da Pena nicht erlaubt) und spaziere durch den romantischen Park zum Königspalast hinauf. Auf den Besuch des Gebäudeinneren verzichte ich heute, um bald wieder aufs Rad zu kommen, aber der Ausblick von der Balustrade nach Sintra und Richtung Atlantik ist wirklich atemberaubend.

Bald lasse ich die Massen rund um den viel besuchten Palast hinter mir und fahre auf der recht einsamen und relativ flach verlaufenden Gebirgsstraße Richtung Westen. Eine weitere Verschnaufpause gönne ich mir in der Mitte dieses Abschnitts: Hier geht es an einer großen Wegkreuzung ein paar Hundert Meter hinunter zu den Ruinen des Convento dos Capuchos. In den winzigen, mit Kork ausgekleideten Zellen lebten sehr spartanisch Franziskaner-Mönche. Auch wenn ich hier schon oft war, bin ich doch immer wieder von der Kargheit des Klosters beeindruckt. Als ich wenig später auf Höhe der Peninha-Kapelle bin, überlege ich kurz, ob ich nicht noch mal pausieren soll. Aber schon wieder einen Stopp einzulegen finde ich dann doch zu viel. Außerdem locken nun über zehn Kilometer abschüssige Fahrt mit herrlichem Panorama: linker Hand die Serra de Sintra, rechter Hand der Ozean.

ICH LASSE MEIN RAD ROLLEN, vergesse die Strapazen des Anstiegs. Dass ich hier auf einer Nationalstraße ohne Radweg unterwegs sein würde, hatte mir vor der Fahrt etwas Sorgen bereitet. Aber die Straße ist nicht stark befahren, und die Autofahrer sind überraschend rücksichtsvoll.

Die nächsten Kilometer geht es durch Kiefern und Eukalyptus, und dann liegt der Atlantik plötzlich nicht mehr am Horizont, sondern direkt vor mir. In hohen Wellen bricht sich das Meer hier am Strand von Guincho. Ich setze mich für ein paar Minuten an die Uferstraße, um den Wind- und Kitesurfern zuzusehen, wie sie elegant durchs bewegte Wasser zischen.

Mein letztes Tagesziel ist Cascais, von wo aus die Küstenvorortbahn nach Lissabon zurückfährt. Dorthin gelangt man von Guincho auf einer erstaunlich gut gewarteten Radspur. Was ist das für eine wunderbare Strecke entlang der Küste mit ihren wilden Felsklippen, immer wieder von kleinen Forts und malerischen Palästen unterbrochen! Wer weiß, denke ich mir: Vielleicht wird aus Portugal ja doch noch ein Radland?

WENN MAN SCHON MAL HIER IST:
Auf der Strecke liegen die Königsschlösser **Palácio Nacional de Sintra** und **Palácio Nacional da Pena** sowie die Burg **Castelo dos Mouros** (siehe S. 234–236). In Guincho lohnt es sich, das **Naturschutzgebiet der Wanderdünen** ⟶ anzuschauen. Die Tour von Sintra über Guincho nach Cascais wird vom Radverleiher Bike Iberia auch geführt als Sintra-Cascais Royal Retreats Bike Tour angeboten (Termine nach Vereinbarung und mit mindestens 6 Teilnehmern für 65 Euro pro Person).

DIE GEHEIMGÄNGE DER VERGANGENHEIT

IN DEN HÖHLEN DER QUINTA DA REGALEIRA

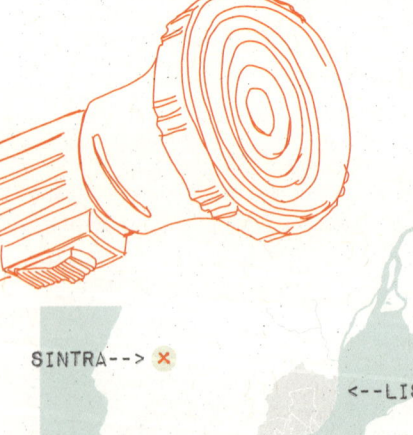

SINTRA--> ✗   <--LISSABON

+ + + **STECKBRIEF** + + +
WO? RUA BARBOSA DO BOCAGE, SINTRA, REGALEIRA.PT. MIT DEM ZUG AB BAHNHOF ROSSIO (U RESTAURADORES) BIS SINTRA (CA. 2.50 EURO, CP.PT). WEITER MIT BUS 435 VILLA EXPRESS 4 PALÁCIOS (HOP-ON HOP-OFF 5 EURO, SCOTTURB.COM) +++ **WANN?** TÄGL. 9.30–18 UHR (APRIL–SEPT. BIS 20 UHR). LETZTER EINLASS 1 STD. VOR SCHLUSS +++ **WIE LANGE?** 3 STUNDEN +++ **WIE VIEL?** EINTRITT 8 EURO. FAMILIEN 22 EURO. AB 65 J. UND UNTER 18 J. 5 EURO +++ **WICHTIG!** UNBEDINGT TASCHENLAMPE MITNEHMEN! +++

GÜNSTIG, FAMILIENFREUNDLICH

VERSTECKT HINTER GROSSEN FELSQUADERN liegt der Zugang zum geheimnisvollsten Ort der Region um Lissabon. 27 Meter geht es hier Stufe für Stufe in die Tiefe, über neun Ebenen führt mich die massive Wendeltreppe hinab zum Boden eines Brunnens. Doch wenn ich die von eleganten Steinsäulen gestützte Balustrade hinunterschaue, kann ich nirgends Wasser ausmachen.
Unten angekommen stehe ich auf einer kunstvollen, achtzackigen Windrose aus Marmor. Es ist offensichtlich, dass hier – abgesehen von ein paar Regentropfen vielleicht – nie Wasser gestanden hat. Ein Brunnen, der kein Brunnen ist? Als Forscher vor einigen Jahren das von zahlreichen Höhlen und unterirdischen Gängen durchzogene Gelände der Quinta da Regaleira untersuchten, standen sie vermutlich erst einmal ähnlich perplex auf diesem Brunnenboden wie ich.

SEIT 1997 ist das Areal öffentlich zugänglich und im Besitz der Stadt Sintra. Zuvor war es – genauso wie der zugehörige Palast – in Privatbesitz, sodass es einige Mühe bedeutete, sich an seine verborgenen Geheimnisse heranzutasten. Allseits bekannt: Der italienische Architekt Luigi Manini erbaute den Palast zu Beginn des 20. Jahrhunderts für den Multimillionär António Augusto Carvalho Monteiro (1848–1920). In Anspielung auf die Finanzkraft des in Brasilien durch Kaffee- und Edelsteine reich gewordenen Bauherrn heißt er deshalb auch »Palácio do Monteiro dos Milhões« (»Millionenpalast«).

Doch warum sollte Monteiro einen Brunnen in die Felsen schlagen lassen, der kein Wasser führt? Die Antwort fanden die Forscher in den Riten der Freimaurer: Der Brunnen diente als Initiationsstätte. Neue Mitglieder mussten dort mit verbundenen Augen einen der Ausgänge finden und so symbolisch ihre Reise von der Dunkelheit ins Licht der Erkenntnis antreten.

Ich verzichte auf die Augenbinde – bei meiner Körpergröße und den niedrigen Gängen wären blaue Flecken fast garantiert – und folge einem der beiden Tunnel, die am Grund des Brunnens beginnen. Plötzlich stehe ich vor einem Ausgang ins Freie. Eine Art Geheimgang. Von so etwas habe ich als Kind immer geträumt!

MEIN ENTDECKERGEIST IST ERWACHT:

zurück zum Brunnen, rein in den anderen Gang. Nach einer Abzweigung stehe ich in einem zweiten Brunnen. Keine Treppe nach oben, eine Sackgasse. Also wieder zurück zur Gabelung. Der nächste Tunnel führt mich ganz in den Osten des weitläufigen Gartens. Wow!

Nun habe ich endgültig Feuer gefangen. Ich will es genauer wissen und suche im Garten nach anderen verborgenen Eingängen. Tatsächlich! Hinter einem Teich gelange ich in das nächste Tunnelsystem. Diesmal muss ich meine Taschenlampe anschalten, da ich in dem stockdunklen Labyrinth komplett die Orientierung verliere. Als ich den Ausgang erreiche, bin ich erst einmal froh, wieder das Tageslicht zu sehen.

Doch unter der nahe gelegenen Capela da Santíssima Trindade, die wie alles hier mit Symbolen von Freimaurern, Rosenkreuzern und Tempelrittern versehen ist, entdecke ich den nächsten Tunnel! Ich kann nicht widerstehen, und siehe da, dieser Gang führt mich direkt in den Regaleira-Palast. Dort gibt es zwar keine Tunnel mehr, aber noch so einiges zu erkunden!

WENN MAN SCHON MAL HIER IST:

Wer Lust hat, durch andere herrliche Palastgärten zu spazieren, fährt mit dem Bus 435 einfach weiter (keine neue Fahrkarte nötig, da Hop-On Hop-Off). Der nächste Halt ist am **Palácio dos Seteais**, heute ein Luxushotel, der übernächste am **Palácio de Monserrate** ▢→: Sir Francis Cook, ein britischer Textilhändler und Kunstsammler, ließ sich hier 1856 ein Palais in orientalischem Stil erbauen und drumherum romantische Gärten anlegen.

SCHLEIEREULEN, STÖRCHE UND FLAMINGOS

VÖGEL BEOBACHTEN IN PORTUGALS GRÖSSTEM FLUSSDELTA

VILA FRANCA DE XIRA -->

<-- LISSABON

+++ STECKBRIEF +++
WO? EVOA. VILA FRANCA DE XIRA. EVOA.PT. VOM BAHNHOF SANTA APOLÓNIA MIT DEM ZUG NACH VILA FRANCA DE XIRA (CA. 2.50 EURO. CP.PT). WEITER PER TAXI. (CA. 18 EURO. TEL. 968686626. XIRATAXISVILAFRANCAXIRA.PT) **+++ WANN?** TÄGL. AUSSER MO UND FEI NOV.-FEB. 10-17 UHR. MÄRZ-OKT. 9-19 UHR. IM JULI KOMPLETT GESCHL. **+++ WIE LANGE?** 3 STUNDEN **+++ WIE VIEL?** 12 EURO. STUDENTEN UND AB 65 J. 9 EURO. BIS 12 J. 7 EURO. UNTER 6 J. FREI. FAMILIEN 30 EURO **+++ WICHTIG!** »NORMALE« VOGEL-FÜHRUNGEN DAS GANZE JAHR TAGS-ÜBER. DIE NÄCHTLICHEN SCHLEIEREULEN-FÜHRUNGEN NUR IM SOMMER. TERMINE AUF DER WEBSEITE. VOR-ANMELDUNG EMPFEHLENSWERT! **+++**

212 GÜNSTIG. FAMILIENFREUNDLICH

ES IST SPÄT, als ich das Naturschutzzentrum EVOA erreiche. Die Fahrt war lang, allein 12 Kilometer über unasphaltierte, menschenleere Straßen. Aber: Auf den letzten Kilometern konnte ich schon Dutzende Störche beobachten. In Deutschland wären sie die Hauptattraktion, angesichts des gewaltigen Vogelreichtums im größten Flussdelta von Portugal bleiben sie hier eine Randnotiz. Unvorstellbar, aber wahr.

In der Cafeteria ist ein Fernrohr installiert, von hier aus sieht man Hunderte Enten aller möglichen Arten, Farben und Schattierungen. Doch heute bin ich für eine ganz besondere Führung da. Ich möchte Schleiereulen sehen, und das geht nur nachts, denn tagsüber dösen oder schlafen die Eulen. Erst wenn es dunkel wird, verlassen sie ihre Verstecke in Kirchtürmen oder Hausruinen und fliegen in die Lezírias genannten Flussniederungen des Tejo rund um das EVOA.

AM HORIZONT sind in der Dämmerung die nördlichen Vorstädte Lissabons zu sehen. Die Hauptstadt wirkt zum Greifen nahe und liegt doch in unerreichbarer Ferne. Bis das letzte Licht verschwunden ist, zeigen uns die Rangerinnen Videos zum Vogelschutzgebiet auf Englisch und Portugiesisch.

Sie haben auch mehrere Gewölle mitgebracht. »Dieser Schädel mit dem langen Gebiss gehört zu einer Spitzmaus«, präsentieren sie die unverdaulichen Reste der Lieblingsspeise der hiesigen Schleiereulen. Ich bin vor allem von dem winzigen Hüftknochen der Maus beeindruckt: Alle Details sind gut zu erkennen.

Mit einem Elektroauto, das an den Seiten offen ist, macht sich unsere 15-köpfige Gruppe schließlich auf den Weg. Ein angenehmer Fahrtwind weht, aber wehe, wir halten an: Sofort sind die Stechmücken da. Leider habe ich mein Mückenmittel nicht dabei.

Doch das ist schon kurz darauf vergessen: Im Licht der Suchscheinwerfer taucht das herzförmige Gesicht einer Schleiereule auf. Keine fünf Meter von uns entfernt sitzt sie ungerührt auf einem Zaunpfosten. Erst als einige Vogelliebhaber anfangen, mit Geraschel ihre Kameras aus den Rucksäcken zu ziehen, schwebt sie lautlos davon.

UND DAS IST ERST DER ANFANG:

Alle paar Hundert Meter sitzen Eulen auf dem Zaun. Schon bei der nächsten haben die Fotografen Glück, ganz nah lässt sie die Beobachter heran. Dann sehen wir sogar zwei Jungtiere auf dem Weg sitzen, während eine dritte Eule direkt über unseren Köpfen schwebt. Ein Gänsehautmoment! So etwas habe ich bisher nur auf Flugschauen in Wildparks erlebt!

Das Tejo-Delta gilt als ökologisch bedeutendstes Feuchtgebiet Portugals, in den als Reisfelder genutzten Pufferzonen finden die Eulen jede Menge leicht zu erbeutende Nahrung. »Nirgendwo auf der Welt wurde eine so große Dichte an Schleiereulen gemessen wie hier.«

Zum Schluss bedanke ich mich für die Führung. »Es tut uns leid, dass wir nicht so viele Eulen hatten«, ist Andreias Antwort. Ich halte das angesichts der 42 Tiere, die wir heute Abend gezählt haben, für einen Scherz, blicke aber in ernsthafte Gesichter: »Vor ein paar Wochen waren es über 130 Tiere. Es lohnt sich also, noch einmal wiederzukommen.«

WENN MAN SCHON MAL HIER IST:

Je nach Jahreszeit erlebt man ganz verschiedene Vogelarten im EVOA ⇨. Von November bis Februar kommen die Säbelschnäbler aus dem deutschen Wattenmeer ins Vogelschutzgebiet. Im Herbst und im Frühjahr kann man im Tejo-Delta vor allem Flamingos beobachten, die von den beiden einzigen europäischen Flamingo-Kolonien in der Camargue und Andalusien hierherfliegen. Fast immer zu sehen sind Bussarde, Reiher und Enten.

ANGESCHOBEN VON EINER UNSICHTBAREN HAND

WELLENREITEN LERNEN IN ERICEIRA

+ + + S T E C K B R I E F + + +
WO? TRÊS ONDAS, ESTRADA DA RIBEIRA D'ILHAS, 86, ERICEIRA – SANTO ISIDORO/MAFRA, TEL. 913702247, TRESONDAS.DE. BUSSE AB LISSABON (U CAMPO GRANDE) BIS ERICEIRA (MAFRENSE.PT) +++ WANN? KURSE FINDEN DAS GANZE JAHR STATT +++ WIE LANGE? 5 TAGE (ALTERNATIVEN SIEHE S. 219) +++ WIE VIEL? 5-TAGES-KURS AB 255 EURO (FRÜHBUCHERRABATTE) +++ WICHTIG! KEIN EIGENES EQUIPMENT NOTWENDIG. SPEZIELLE KURSE FÜR KINDER AB 6 JAHRE (MÜSSEN SICHER SCHWIMMEN KÖNNEN!) +++

ES SAH SO EINFACH AUS. Zigmal habe ich es gesehen: die Wellen anpaddeln, aufspringen und dann lossurfen. *The Endless Summer*, *Morning of the Earth*, *Step Into Liquid* … Egal, wie die Surffilme auch hießen: Eine Welle zu reiten schien eine leichte Sache zu sein.

Ich scheitere schon daran, durch die etwa einen Meter hohen Brandungswellen aufs Meer hinaus zu kommen. Das Brett soll ich immer im 90-Grad-Winkel zu den Wellen halten, so weit die Theorie. Die Praxis: Der Atlantik schleudert es einfach kreuz und quer durch die Gegend. Einige Male knallt es gegen meine Hüfte, die blauen Flecken werden mich bis zum Ende des Surfkurses begleiten.

Ich gebe nicht auf, probiere es immer wieder. Das Meer ist hier nicht mal tief, ich kann sogar auf dem Sandboden stehen. Wenn ich es da nicht schaffe, wo dann?

IRGENDWANN LASSE ICH DIE BRANDUNG

hinter mir. »Das Meer genau beobachten, die richtige Welle wählen, kontrolliert Geschwindigkeit aufbauen, den Punkt der Beschleunigung spüren, und dann bist du eins mit der Welle«, hatte mir unser Surflehrer Frithjof Gauss eingeschärft. Aus dem Mund des ersten deutschen Longboardmeisters und Autors des Standard-Lehrbuches zum Wellenreiten klang das absolut nachvollziehbar, doch die Ereignisse überrollen mich förmlich.

Ich bekomme mein Brett nicht rechtzeitig gedreht, die Welle erwischt mich seitlich. »Eins mit der Welle sein«, das klappt immerhin, allerdings nicht über, sondern unter Wasser. Ich werde durchgewirbelt, fühle mich wie im Schleuderwaschgang.

Was bin ich froh, dass mein Brett über eine Leine mit mir verbunden ist! Ich ziehe es heran und mache mich wieder auf den Weg. Der nächste Versuch klappt viel besser. Ich paddle los, und plötzlich werde ich wie von einer unsichtbaren Hand angeschoben.

Ein herrliches Gefühl! Ohne mich aufrecht auf das Brett zu stellen, genieße ich die Fahrt auf »meiner« Welle und lasse mich ganz bis zum Strand tragen. Ich bin angefixt. Bis zum Ende des Unterrichtstages fahre ich jede Menge »weißer Wellen«, also Schaumwellen, im Liegen ab.

DER FOLGENDE TAG beginnt mit einem starken Muskelkater. Spätestens jetzt ist mir klar: Wellenreiten zu lernen ist harte Arbeit. Am meisten kämpfe ich in den nächsten Tagen mit dem Aufspringen, in der Surfersprache »Take Off« genannt. Der Bewegungsablauf will mir einfach nicht gelingen: Entweder komme ich zu spät auf die Beine und sehe nur noch, wie die Welle davonläuft, oder ich mache einen »Nose Dive« und fliege vornüber ins Meer.

Doch Frithjof zeigt mir ein paar Tricks, und nach einigen Versuchen – erst am Strand, dann auf dem Atlantik – ist es so weit: Ich stehe meine erste richtige Welle! Eine sogenannte grüne Welle ohne Schaum. Ein paar Sekunden nur halte ich mich auf dem Brett, aber zu spüren, wie mich die Kraft des Ozeans bewegt, ist einfach Wahnsinn! Von waghalsigen Manövern à la Tiago »Saca« Pires, der lokalen Surflegende von Ericeira, kann ich auch nach Kursende höchstens träumen. Doch obwohl aus mir nie ein Profisurfer werden wird, bereue ich es kein bisschen: Dieses Gefühl, die Wellen zu reiten, war jede Mühe wert!

WENN MAN SCHON MAL HIER IST:

Wer nicht direkt mit einem Wochenkurs ins Wellenreiten einsteigen möchte, kann in der Region Lissabon auch **Tageskurse zum Reinschnuppern** buchen, z. B. bei der Angels Surf School an der **Praia de Carcavelos** ▢→, gut erreichbar ab Lissabon (Züge ab U Cais do Sodré bis Bahnhof Carcavelos). Hier gibt es am Wochenende Einzel- und Gruppenstunden auf Portugiesisch und Englisch für Erwachsene und Kinder (Tel. 962681113, angelsurfschool.com).

EINE SPEZIALITÄT AUS AZEITÃO

KÄSE MACHEN WIE ANNO DAZUMAL IN DER QUINTA VELHA QUEIJEIRA

<--LISSABON

AZEITÃO-->x

+++ S T E C K B R I E F +++
WO? QUINTA VELHA QUEIJEIRA, AZEITÃO, TEL. 212191125 UND 961875337, QUINTAVELHAONLINE.COM. AB PRAÇA DE ESPANHA (U PRAÇA DE ESPANHA) MIT BUS 754 ODER 755 RICHTUNG SETÚBAL (ETWA ALLE 90 MINUTEN, TSULDOTEJO.PT). AUSSTIEG AM KREISVERKEHR ZU BEGINN DES ORTSTEILS VILA FRESCA, DANN 400 METER ZURÜCK BIS ZUR EINFAHRT +++ **WANN?** MO-SA 10-13 UND 15-18 UHR. SO/FEI GESCHLOSSEN +++ **WIE LANGE?** ETWA 2 STUNDEN +++ **WIE VIEL?** 12.50 EURO/PERS., MINDESTENS MUSS FÜR 6 PERS. BEZAHLT WERDEN +++ **WICHTIG!** NUR NACH TELEF. VORANMELDUNG MIND. 2 TAGE VORHER! +++

FAMILIENFREUNDLICH

AUS DIESER WEISSEN, GLIBBERIGEN MASSE
soll Käse werden? Ungläubig starre ich in den Tontopf, nachdem die Käserin ihn vom Feuer genommen hat. 45 Minuten lang wurde darin Schafsmilch eingekocht und immer wieder umgerührt. Das Ergebnis sieht nicht sonderlich appetitlich aus, finde ich.

Dass aus der Dickmilch im Tonkrug einmal einer der kreisrunden *Queijos de Azeitão* entstehen soll, kann ich mir erst recht nicht vorstellen. Gerne bestelle ich mir diese Spezialität im Restaurant als Vorspeise und liebe es, das herrlich cremige und leicht würzige Innere auszulöffeln. Die Bezeichnung ist seit über 100 Jahren gesetzlich geschützt: Azeitão-Käse darf nur hier in der Region und nur mit der Milch von Schafen hergestellt werden, die im Gebirge der nahen Serra da Arrábida weiden.

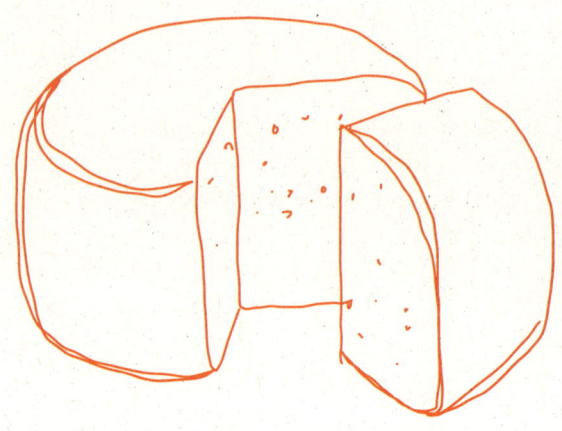

»NORMALERWEISE VERWENDET MAN LAB aus Kälbermägen, um Milch zu Käse zu verarbeiten. Was, glauben Sie, nehmen wir hier in Azeitão?« Auf die Frage der Workshop-Leiterin folgt ein munteres Raten, doch keiner der Teilnehmer kommt auf die Lösung.

»Diese Pflanze hier.« Die Käserin präsentiert uns eine stachelige, violett blühende Artischocke, die auf Portugiesisch *cardo* heißt. »Keiner weiß, wer auf die Idee gekommen ist, sie als Lab zu verwenden, aber es klappt wunderbar«, erklärt sie.

»Jetzt entwässern wir die geronnene Milch«, sagt die Käsemacherin und quetscht die Masse aus dem Topf in eine Art ringförmiges Sieb. Die überschüssige Molke lässt sie über ein langes Blech ablaufen. Jeder von uns bekommt nun eine eigene Blechform, in die immer wieder entwässerte Dickmilch eingefüllt wird. Pressen, pressen und noch mal pressen, lautet das Motto. Still und konzentriert arbeitet die ganze Gruppe.

»Das sind aber hübsche Käse!«, freut sich die Workshop-Leiterin über die Ergebnisse. »Jetzt müssten sie noch etwa vier Wochen reifen, um zu *Queijo de Azeitão* zu werden. Wer möchte, kann den Käse aber auch sofort als *queijo fresco*, also ganz frisch, essen.«

MEIN FRISCHKÄSE SIEHT ZU LECKER AUS,
um das Angebot auszuschlagen. Zumal im Nebenraum schon ein Tisch mit Chutneys, frischem Brot, Muskateller-Wein der Region und Limonade für die jüngeren Besucher angerichtet ist. Wie köstlich, den selbst gemachten Käse in dieser urigen alten Käserei zu verspeisen!
Während die Kinder draußen mit den Eseln und Schafen spielen, studiere ich die Bilder an den Wänden. Sie zeigen die Arbeit von Ti Alfredo, der zu den erfahrensten Käsern von Azeitão gehörte und diese kleine Käserei namens Quinta Velha Queijeira ab 1935 betrieb.
Vom Melken der Schafe bis zum Wenden der Käserohlinge machte er dabei alles selbst. In Handarbeit. Seine Nachfahren haben die Käserei mit ihren hübschen blau-weiß gestrichenen Gebäuden so belassen wie früher, nutzen das kleine Landgut aber inzwischen ausschließlich für Workshops.
Das nächste Mal, wenn ich im Restaurant einen *Queijo de Azeitão* auslöffele, werde ihn ich noch bewusster genießen. Schließlich weiß ich jetzt, welch schweißtreibender Aufwand dahintersteckt!

WENN MAN SCHON MAL HIER IST:

In Azeitão lohnt sich auch der Besuch der **ortsansässigen Weingüter**. Im Ortsteil Vila Fresca lockt die **Quinta da Bacalhôa** in einem Renaissance-Palast (Mo–Sa 10 und 15 Uhr, So/Fei geschl. Eintritt inkl. Weinprobe 8 Euro, bis 12 J. frei, bacalhoa.com). Im Ortsteil Vila Nogueira residiert die Traditionsfirma **José Maria da Fonseca** □→ (tägl. 10–12 und 14.30–17.30 Uhr, Nov. bis März nur bis 16.30 Uhr, Eintritt inkl. Verkostung 5 Euro, unter 16 J. frei, jmf.pt).

ZUM MYSTERIÖSEN WRACK DER RIVER GURARA

EIN TAUCHGANG AM CABO ESPICHEL IN SESIMBRA

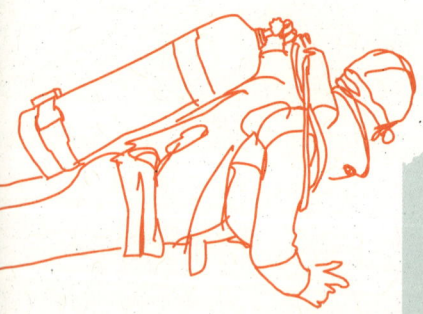

<--LISSABON

SESIMBRA-->

+++ **STECKBRIEF** +++ **WO?** BUS 207 ODER 260 AB U PRAÇA DE ESPANHA BIS SESIMBRA (TSULDOTEJO.PT). MEHRERE TAUCHZENTREN AM PORTO DE ABRIGO (AV. DOS NÁUFRAGOS): CIPREIA (DIVECLUBCIPREIA.COM), HALIOTIS (HALIOTIS.PT) UND NAUTILUS SUB (NAUTILUS-SUB.COM) +++ **WANN?** MEIST NUR SA/SO (VORHERIGE ANMELDUNG) +++ **WIE LANGE?** EIN HALBER TAG +++ **WIE VIEL?** CA. 30 EURO. FÜR LEIHAUSRÜSTUNG CA. 25 EURO +++ **WICHTIG!** MAN BENÖTIGT EINEN TAUCHSCHEIN SOWIE EIN ATTEST ÜBER DIE TAUCHTAUGLICHKEIT! +++

EIN ZUG AM AUSLASSVENTIL, tief ausatmen, schon bin ich untergetaucht. Langsam lasse ich mich ins tiefe Blau sinken. Noch kann ich den Boden nicht erkennen. 5 Meter, 10 Meter, 15 Meter, dann sehe ich schemenhafte Umrisse im Wasser. Ein paar Flossenschläge in die Richtung, und die Wrackteile sind gut erkennbar. Wir, mein Tauchpartner Nuno und ich, haben unseren heutigen Tauchplatz, das Heck der River Gurara, gefunden. 1989 geriet dieser nigerianische Containerfrachter in einen Wintersturm und lief manövrierunfähig auf die Felsen des Cabo Espichel auf, zerschellte an dem 11 Kilometer westlich von Sesimbra gelegenen Kap, zerbrach in zwei Teile und sank. Nur 27 der 48 Mann Besatzung konnten gerettet werden. Es war eines der schlimmsten Schiffsunglücke der letzten Jahrzehnte in Portugal. Heute zählt das Wrack zu den attraktivsten Tauchplätzen des Landes.

COSTA DE LISBOA

BEI UNSERER HEUTIGEN AUSFAHRT werden wir nur die hintere Hälfte des Wracks sehen. Der Bug liegt zu weit entfernt auf dem Meeresboden, um das ganze Wrack in einem Tauchgang zu besichtigen. Beide liegen jedoch in gut zu betauchenden Tiefen von 25 bis 30 Metern. Ich schwebe im Wasser, Nuno neben mir. Rechts und links von uns ragen die Überreste des riesigen Schiffsbauchs aus dem Wasser. Mit unseren Taucherlampen leuchten wir hinein, bringen aber nur wenig Licht in das mysteriöse Dunkel. Gerne wüsste ich, was die River Gurara geladen hatte, doch die Details bleiben unscharf.

Ich bin kurz versucht, das Innere des Wracks zu erkunden, doch davon wurde uns abgeraten. »Taucht nicht hinein, ihr könntet euch an den scharfkantigen Metallteilen verletzen oder die Luftschläuche aufschlitzen«, hatte uns der Guide gewarnt.

Also schwimmen wir lieber an der Außenhülle des Schiffs entlang. Sie ist üppig bewachsen: Anemonen und Gorgonienfächer breiten sich vor uns aus; sie bewegen sich anmutig in der Strömung. Zwischen Algen entdecken wir die feinen Antennen einer Languste, und aus einer Öffnung im Wrack blitzen uns die spitzen Zähne einer Muräne entgegen. Ein Meeraal huscht davon, Franzosendorsche suchen das Weite.

AM HECK IST SO VIEL GEBOTEN, dass ich um ein Haar die Schiffsschraube auf dem Meeresboden übersehe. Wir tauchen um sie herum und sind beeindruckt: Mit vier Metern Durchmesser hat sie imposante Ausmaße. In den folgenden Minuten schaue ich immer wieder Richtung Freiwasser, schließlich tauchen hier ab und zu majestätische Mondfische auf, eine der 1.100 Tier- und Pflanzenarten in den Gewässern um Sesimbra, die durch den Meeresnationalpark der Serra da Arrábida geschützt sind.

Heute wollen sich aber keine Mondfische zeigen, und mein Tauchcomputer sagt mir: Es ist Zeit, wieder aufzusteigen. Langsam geht es am Ankerseil nach oben. 15 Meter, 10 Meter, 5 Meter, noch ein Sicherheitsstopp – und dann, nach genau 40 Minuten, bin ich wieder an der Wasseroberfläche. Kurz darauf ist auch schon unser Boot da, ich schnalle den Bleigurt ab, reiche ihn nach oben und steige über eine Leiter an Bord. Vor mir die herrliche Küste des Cabo Espichel samt Leuchtturm. Ich bin glücklich: Nächste Woche komme ich zurück, dann ist der Bug dran. So viel ist sicher!

WENN MAN SCHON MAL HIER IST:

Wer keinen Tauchschein hat, kann in Sesimbra auch **Schnuppertauchgänge** machen. Zwar nicht am Wrack, das ist eher etwas für Fortgeschrittene, dafür aber an wunderschönen Anfänger-Tauchspots. Und wer gar nicht tauchen möchte, hat vielleicht Lust auf eine der lohnenden **Schnorcheltouren** zur imposanten **Steilküste von Sesimbra** ⇨(vertentenatural.com). Da das Wasser mit 14–18 Grad ganzjährig frisch ist, sollte man einen Neoprenanzug ausleihen oder mitbringen.

DAS LANGE WARTEN AUF DIE RÜCKENFLOSSEN

FLUSSDELFINE VOR SETÚBAL BEOBACHTEN

<--LISSABON

SETÚBAL-->

+ + + S T E C K B R I E F + + +
WO? VERTIGEM AZUL, EDIFÍCIO MARINA DECK, RUA PRAIA DA SAÚDE, 11-D, SETÚBAL, TEL: 265238000, VERTIGEMAZUL.COM. NACH SETÚBAL MIT ZUG (AB U ENTRECAMPOS, FERTAGUS.PT) ODER BUS (AB U PRAÇA DE ESPANHA, LINIEN 561, 754 UND 755, TSULDO TEJO.PT) +++ **WANN?** MAI BIS NOV. TÄGL. UM 9.30 UND 14.30 UHR, SONST 10 UND 14.30 UHR. VORHERIGE RESERVIERUNG EMPFOHLEN! +++ **WIE LANGE?** 5 BIS 6 STUNDEN +++ **WIE VIEL?** 35 EURO, KINDER BIS 12 J. 20 EURO +++

228 FAMILIENFREUNDLICH

SIE WOLLEN EINFACH NICHT AUFTAUCHEN!

Seit Stunden fahren wir nun an den endlosen Sandstränden der Halbinsel Tróia entlang. Setúbal und das Sado-Delta haben wir lange hinter uns gelassen. Linker Hand sehen wir Sand und Kiefernwälder, rechter Hand das offene Meer. Immer wieder glaubt jemand auf der Meeresoberfläche eine Flosse erspäht zu haben, immer wieder ist es Fehlalarm.

Ich beginne auszurechnen, wann wir wohl umdrehen müssen, wenn der Skipper rechtzeitig für die Nachmittagsfahrt wieder in Setúbal sein möchte. Viel Zeit bleibt uns nicht! Noch bin ich positiv: Vertigem Azul hat seit Jahren eine Erfolgsquote von über 95 Prozent bei ihren Fahrten. Und befinden wir uns nicht auf einem schmucken Katamaran namens »O Esperança«, zu Deutsch »Hoffnung«? Gerade, als ich dieselbe aufgeben will, ertönt ein Schrei: »Da sind sie!«

DIE FLOSSEN GLEICH MEHRERER DELFINE!

In ruhigem Tempo schwimmen sie nach Norden. »Sie sind auf der Jagd nach Fischen und Tintenfischen«, erklärt uns einer der Guides. Plötzlich ein begeisterter Ruf: »Schaut mal, ein Babydelfin!« Ganz vorne in der Gruppe schwimmt ein Neugeborenes, gut zu erkennen an seiner hellen Haut. Es ist gerade mal einen Monat alt.

Es berührt mich, das erleben zu dürfen. Nachwuchs ist bei den Flussdelfinen ein äußerst seltenes und wichtiges Ereignis. Nur etwa 30 Tiere leben im Sado-Delta von Setúbal, da ist jede Geburt ein Fest – und jeder Todesfall Grund zur Sorge. In Europa gibt es sonst nur noch in Schottland und Irland »sesshafte« Delfine in Flussdeltas. Eigentlich handelt es sich um Große Tümmler. Im offenen Meer haben sie zahlreiche Artgenossen, doch vermischen sich die Tiere nur in Ausnahmefällen.

Heute jagt die Gruppe der Sado-Delfine nahe der Küstenlinie, anmutig hebt sich immer wieder ein Rücken aus dem Wasser. Anfangs rennen die Fahrgäste ständig quer über das Deck des großen Katamarans, um die beste Sicht auf der »richtigen« Seite zu haben. Erst als die meisten vorne am Bug stehen, beruhigt sich die Lage.

ICH FREUE MICH, dass ich das Teleobjektiv dabeihabe. Anhand meiner Fotos und der Form der Rückenflossen können wir gleich vier Delfine identifizieren: Serrote, Negro, Escuro und Esperança. Die beiden Gründer von Vertigem Azul, Maria João Fonseca und Pedro Narra, haben allen eigene Namen gegeben, als sie 1998 als erstes Unternehmen mit dem Dolphin-Watching in Setúbal anfingen.

Es ist ein gutes Gefühl, hier mitzufahren. Durch den Ökotourismus ist das Bewusstsein für den Schutz der Delfine deutlich gestiegen, inzwischen sind sie sogar heimliches Wahrzeichen Setúbals geworden. Heute springen sie zum Teil meterhoch aus dem Wasser: Es beeindruckt mich immer wieder, wie elegant und kraftvoll sich die schönen Tiere bewegen. Nach 30 Minuten ist das Spektakel vorbei, das Boot muss abdrehen, das ist gesetzlich vorgeschrieben, damit die Delfine nicht zu sehr gestört werden. Mit den frischen Bildern im Kopf und dem herrlichen Panorama der Serra da Arrábida vor Augen vergeht der lange Rückweg nach Setúbal in der Gewissheit, etwas Großartiges erlebt zu haben.

WENN MAN SCHON MAL HIER IST:

Die **Altstadt von Setúbal**, einem der bedeutendsten Wirtschaftszentren der Region Lissabon, ist sehr sehenswert: Nicht verpassen sollte man die **Igreja de Jesus** ⟶, aus dem 15. Jahrhundert, eine der ersten Kirchen im Stil der Manuelinik, der portugiesischen Gotik. Nahe dem Hafen lohnt sich die Markthalle **Mercado do Livramento** wegen der kunstvollen Azulejo-Dekorationen. Und in den zahlreichen Restaurants von Setúbal kann man gut gegrillten Fisch essen.

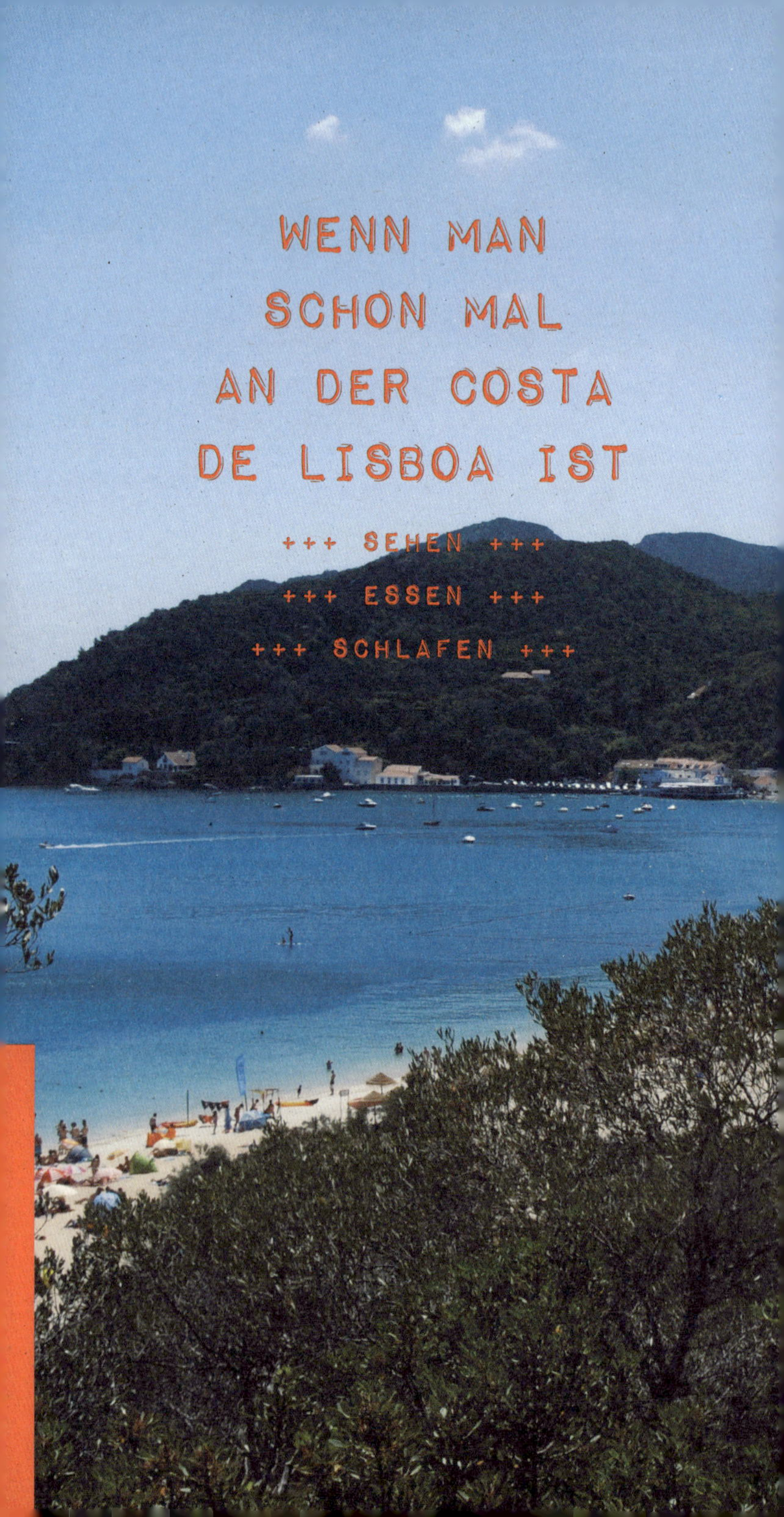

WENN MAN SCHON MAL AN DER COSTA DE LISBOA IST

+++ SEHEN +++
+++ ESSEN +++
+++ SCHLAFEN +++

+++++++++++++++++ SEHEN +++++++++++++++

PALÁCIO NACIONAL DA PENA (SINTRA)

Dom Fernando II. (1816–1885), der aus Deutschland stammende portugiesische König, ließ »Portugals Neuschwanstein« für seine Gemahlin Dona Maria II. auf den Spitzen des Sintra-Gebirges erbauen. Darum herum ließen sie den Parque da Pena anlegen. Baumeister war mit Wilhelm Baron von Eschwege ebenfalls ein Deutscher; er bediente sich getreu der Philosophie des Historismus romanischer, gotischer, manuelinischer, barocker, maurischer und indischer Stilelemente.

+++ SERRA DE SINTRA +++ ZUG VOM ROSSIO-BAHNHOF (U RESTAURADORES) BIS ENDSTATION SINTRA (CP.PT). DANN BUS 434 (SCOTTURB.COM) +++ 219237300 +++ PARQUESDESINTRA.PT +++ APRIL-OKT. TÄGL. 9.45-19 UHR (EINLASS BIS 18. UHR). NOV.-MÄRZ TÄGL. 10-18 UHR (EINLASS BIS 17 UHR). AM 25.12. UND 1.1. GESCHLOSSEN +++ EINTRITT PARK UND PALAST: 14 EURO. ONLINE-VORVERKAUF 5% RABATT SOWIE UNTER 18 J., ÜBER 65 J. UND FÜR FAMILIEN CA. 10% ERMÄSSIGUNG. BIS 5 J. FREI +++

BOCA DO INFERNO (CASCAIS)

Der »Höllenschlund« ist ein großer, vom Meer ausgewaschener Kessel mit kleinen Höhlen. Besonders reizvoll ist es, wenn ihn die hohe Brandung zum Überschäumen bringt.

+++ AV. REI HUMBERTO II DE ITÁLIA. CASCAIS +++ ZUG VON LISSABON (U CAIS DO SODRÉ) BIS ENDSTATION CASCAIS (CP.PT). DANN STADTBUS 427 BUSCAS BIS ZUR HALTESTELLE BOCA DO INFERNO (SCOTTURB.COM) +++ KOSTENLOS UND GUT ZUGÄNGLICH! +++

PALÁCIO NACIONAL DE SINTRA (SINTRA)

Der letzte noch erhaltene Königspalast Portugals, dessen Bausubstanz auf das Mittelalter zurückgeht. Er wurde mehrmals umgestaltet und kommt daher stilistisch als Mischmasch daher. Höhepunkt ist die Großküche mit ihren beiden imposanten Kaminen, dem Wahrzeichen Sintras.

+++ PRAÇA DA REPÚBLICA. SINTRA +++ ZUG VOM ROSSIO-BAHNHOF (U RESTAURADORES) BIS ENDSTATION SINTRA (CP.PT). DANN ZU FUSS BIS IN DIE ALTSTADT +++ 219237300 +++ PARQUESDESINTRA.PT +++ TÄGL. 9.30-19 UHR (NOV.-MÄRZ NUR BIS 18 UHR). LETZTER EINLASS 30 MIN. VOR SCHLUSS. AM 25.12. UND 1.1. GESCHLOSSEN +++ EINTRITT 10 EURO. ONLINE-VORVERKAUF 5% RABATT SOWIE UNTER 18 J.; ÜBER 65 J. UND FÜR FAMILIEN CA. 15% ERMÄSSIGUNG. BIS 5 J. FREIER EINTRITT +++

CASA DAS HISTÓRIAS PAULA REGO (CASCAIS)

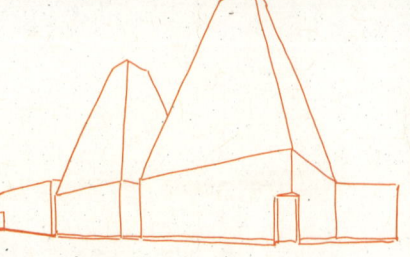

Das in einem markanten modernen Gebäude untergebrachte Museum präsentiert Werke der 1935 in Lissabon geborenen Malerin Paula Rego. Frauen und ihre Unterdrückung, aber auch weibliche Stärke spielen eine zentrale Rolle in ihren Werken.

+++ AV. DA REPÚBLICA, 300, CASCAIS +++ ZUG VON LISSABON (U CAIS DO SODRÉ) BIS ENDSTATION CASCAIS (CP.PT). DANN STADTBUS 427 BUSCAS BIS ZUR HALTESTELLE PARQUE MARECHAL CARMONA (SCOTTURB.COM) +++ 214826970 +++ CASADASHISTORIASPAULAREGO.COM +++ TÄGL. AUSSER MO UND FEI 10-18 UHR +++ EINTRITT 5 EURO, STUDENTEN UND AB 65 J. 2.50 EURO, BIS 11 J. FREI +++

CASTELO DOS MOUROS (SINTRA)

Die Maurenburg wurde unter arabischer Herrschaft im 8. oder 9. Jahrhundert angelegt und im 19. Jahrhundert nach langen Jahren des Verfalls restauriert. Von den weitläufigen Mauern hat man einen herrlichen Blick auf Sintra.

+++ SERRA DE SINTRA +++ ZUG VOM ROSSIO-BAHNHOF (U RESTAURADORES) BIS ENDSTATION SINTRA (CP.PT). DANN BUS 434 (SCOTTURB.COM) +++ 219237300 +++ PARQUESDESINTRA.PT +++ APRIL-OKT. TÄGL. 9.30-20 UHR, NOV.-MÄRZ TÄGL. 10-18 UHR. EINLASS BIS 1 STD. VOR SCHLUSS. AM 25.12. UND 1.1. GESCHLOSSEN +++ EINTRITT 8 EURO. ONLINE-VORVERKAUF 5% RABATT SOWIE UNTER 18 J., ÜBER 65 J. UND FÜR FAMILIEN CA. 20% ERMÄSSIGUNG. BIS 5 J. FREI +++

ESSEN

RESTAURANTE REGIONAL DE SINTRA
Solide lokale Küche ohne Extravaganzen neben dem Rathaus von Sintra. Hauptgerichte ab 10 Euro.
+++ TRAVESSA DO MUNICÍPIO, 2, SINTRA +++ 219234444 +++ REGIONAL.PT +++ TÄGL. (AUSSER MI) 12–16 UND 18.30–22.30 UHR +++

SANTINI (CASCAIS)
Weit über Cascais hinaus bekannte Eisdiele, eröffnet bereits 1949 von dem italienischen Einwanderer Attilio Santini.
+++ ZWEI FILIALEN IN CASCAIS: AV. VALBOM, 28-F UND ALAMEDA DOS COMBATENTES DA GRANDE GUERRA, 100 +++ 214833709 +++ SANTINI.PT +++ TÄGL. 11–20 UHR, FR/SA BIS 24 UHR +++

INCOMUM BY LUÍS SANTOS (SINTRA)
Kreative portugiesische Küche der Oberklasse in Sintra (auch vegetarisch). Mo–Fr preiswertes Mittagsmenü für 11 Euro, sonst Hauptgerichte à la carte ab 15 Euro. Nicht verwechseln mit der Weinbar nebenan!
+++ RUA DR. ALFREDO COSTA, 22, SINTRA +++ 219243719 +++ INCOMUMBYLUISSANTOS.PT +++ TÄGL. 12–24 UHR (DURCHGEHEND WARME KÜCHE), SA AB 16.30 UHR +++

MARISCO NA PRAÇA (CASCAIS)

Meeresfrüchte-Restaurant in der Markthalle von Cascais. Man sucht sich die Fische an einer Theke aus, bezahlt wird nach Gewicht. Hauptgerichte ab 11,50 Euro.

+++ MERCADO DA VILA, RUA PADRE MOISÉS SILVA, CASCAIS +++ 214822130 +++ FACEBOOK.COM/MARISCONAPRACA +++ TÄGL. 12-24 UHR (KÜCHE DURCHGEHEND BIS 23 UHR) +++

CAFÉ SAUDADE (SINTRA)

Café in einem sehenswerten Gebäude neben dem Bahnhof von Sintra. Sandwiches, vegetarische Gerichte sowie süße Teilchen.

+++ AV. MIGUEL BOMBARDA, 6, SINTRA +++ 212428804 +++ FACEBOOK.COM/CAFESAUDADE +++ TÄGL. 8.30-19 UHR +++

CASA PIRIQUITA (SINTRA)

Traditionsreiche Konditorei, die für ihre *queijadas* und *travesseiros* (süße Gebäckspezialitäten Sintras) bekannt ist.

+++ RUA DAS PADARIAS, 1 (WEITERE FILIALE IN NR. 18), SINTRA +++ 219230626 +++ PIRIQUITA.PT +++ TÄGL. (AUSSER MI) 9-20 UHR +++

SCHLAFEN

NICE WAY CASCAIS

Surfer-Hostel mit Garten und Pool nördlich des Bahnhofs von Cascais. Im Mehrbettzimmer je nach Saison 15-24 Euro/Pers., DZ mit Bad 45-78 Euro, jeweils inkl. Frühstück. Es gibt auch einen Ableger in Sintra.

+++ AV. TENENTE CORONEL JOSÉ PESSOA, 15, CASCAIS +++ 214863660 +++ NICEWAYHOSTELS.COM +++

CASA DA PÉRGOLA (CASCAIS)
Herrschaftliches Wohnhaus aus dem 19. Jahrhundert mit schönem Garten ganz in der Nähe des Bahnhofs von Cascais. DZ je nach Saison und Größe 75–150 Euro inkl. Frühstück.
+++ AV. VALBOM, 13, CASCAIS +++ 214840040
+++ PERGOLAHOUSE.PT +++

CASA MIRADOURO (SINTRA)
Stilvolles Gästehaus am unteren Rand der Altstadt in Sintra. Wunderschöner Blick über das ländliche Umland. DZ 63–112 Euro, Frühstück 10 Euro/Pers.
+++ RUA SOTTO MAYOR, 55, SINTRA +++ 914292203
+++ CASA-MIRADOURO.COM +++

MOON HILL HOSTEL (SINTRA)
Etwas versteckt, nicht weit vom Bahnhof Sintra gelegenes Hostel. Funktionale Zimmer. DZ je nach Saison und Ausstattung 49–95 Euro, Schlafsaal 18–22 Euro (Frühstück je inkl.).
+++ RUA GUILHERME GOMES FERNANDES, 17 +++ 219243755
UND 969831095 +++ MOONHILLHOSTEL.COM +++

DANKE: EIN BESONDERER DANK AN JUTTA, HELEN UND RENÉE WASSERRAB, DIE MIT MIR EINIGE STADTABENTEUER AUF FAMILIENTAUGLICHKEIT GETESTET HABEN. EIN GROSSES »OBRIGADO« AUCH AN: ANDREA HUGEMANN, BARBARA KROKE, BEATRIZ BRÜCKEN, BORIS PLANER, CARMO RAPOSO, CLAUDIA RUTSCHMANN, DAVID SOARES, ELISABETE MIRANDA, FRITHJOF GAUSS, JOÃO CARLOS, JOÃO DO ROSÁRIO, JULIA SALMI-MAAS, LESLIE SIMON, LISI KÜHL, MARTIN HEIDEN, NICOLAS MARTIN, RUI PERES JORGE, SAMIRA NIKAEEN, SILKE GIESECKE, SUSANA REPOLHO, TERESA BOMBA CORREIA, TIAGO FALCÃO, TIZIANA IOTTI UND TORSTEN EHLERT.

FOTOS: Alle von Johannes Beck, außer: Coverfoto: anecaroline; 46/47, 58/59 (2): Mesa de Frades; 51: José Frade EGEAC; 217: 3ondas; 225: Rui Bernardo – Dive Club Cipreia; Cover/hintere Innenklappe (2): Alex Lipp

IMPRESSUM: Text und Recherche: Johannes Beck; Herausgeberschaft und Redaktion: Matthias Kröner; grafisches Konzept, Layout und Covergestaltung: Berit Kröner; Illustrationen: Mirja Schellbach; Lektorat: Dr. Felicitas Igel; Korrektorat: Eva Wagner; Druck: Westermann Druck Zwickau GmbH

ISBN 978-3-95654-825-3

© Copyright Michael Müller Verlag GmbH, Erlangen 2020. Alle Rechte vorbehalten. Alle Angaben ohne Gewähr.

Die in diesem Reisebuch enthaltenen Informationen wurden vom Autor nach bestem Wissen erstellt und von ihm und dem Verlag mit größtmöglicher Sorgfalt überprüft. Dennoch sind, wie wir im Sinne des Produkthaftungsrechts betonen müssen, inhaltliche Fehler nicht mit Gewissheit auszuschließen. Daher erfolgen die Angaben ohne jegliche Verpflichtung oder Garantie des Autors bzw. des Verlags. Autor und Verlag übernehmen keinerlei Verantwortung bzw. Haftung für mögliche Unstimmigkeiten. Wir bitten um Verständnis und sind jederzeit für Anregungen und Verbesserungsvorschläge dankbar.